U0726501

体育教学改革与发展动态研究

张献芳 ◎ 著

吉林出版集团股份有限公司

图书在版编目（CIP）数据

体育教学改革与发展动态研究 / 张献芳著. — 长春：
吉林出版集团股份有限公司，2023.6
ISBN 978-7-5731-3368-7

Ⅰ．①体… Ⅱ．①张… Ⅲ．①体育教学－教学改革－
研究 Ⅳ．①G807.01

中国国家版本馆 CIP 数据核字（2023）第 101396 号

体育教学改革与发展动态研究

TIYU JIAOXUE GAIGE YU FAZHAN DONGTAI YANJIU

著　　者	张献芳	
责任编辑	齐　琳	
封面设计	林　吉	
开　　本	787mm×1092mm	1/16
字　　数	238 千	
印　　张	11.25	
版　　次	2023 年 6 月第 1 版	
印　　次	2024 年 1 月第 1 次印刷	
出版发行	吉林出版集团股份有限公司	
电　　话	总编办：010-63109269	
	发行部：010-63109269	
印　　刷	廊坊市广阳区九洲印刷厂	

ISBN 978-7-5731-3368-7　　　　　　　　　　　　定价：78.00 元

前　言

体育教学作为学校教育的重要组成部分之一，肩负着培养学生良好体育价值观及体育意识的重要任务，对学生的全面发展也有着一定的引导和促进作用。在以往传统的体育教学中，教师的主要教学目标就是对学生进行体育知识和技能的传授，导致其逐渐忽视了学生的心理变化和智能成长，而现代体育更为注重的则是对学生综合能力、学习兴趣及特长等方面的培养提高。在这种情况下，有关部门就需要针对体育教学积极展开深化改革，有效创新教学理念和方法，从而为日后培养更多的体育高素质人才提供保障。

随着体育教学改革的不断深入，体育教学理论的研究和探索日益活跃，体育教学论的著作也越来越多，这是体育教学理论研究和体育教学论教材建设繁荣兴旺的景象，也是体育教育学科越来越走向科学化的象征。

本书深入分析现阶段影响我国体育教学改革成效的各方面原因，有针对性地提出相应改进对策，促进体育教学改革的顺利完成。笔者首先概述了体育教学的基本内容，然后详细地分析了体育教学思想的革新与发展、体育教学内容、现代学习观下的体育教学模式的革新与发展，以及体育教学方法的优化与发展、体育教学设计的革新与发展，最后对体育教学的发展动态以及体育教育改革与文化发展等方面做出重要分析。

另外，本书在撰写过程中参考了大量的文献资料，在此对其作者表示感谢。体育教学改革研究和探索的目的本来就是发现新的可用于指导实践的思想、理论。所以，本书中难免有与现存观点、理论不协调之处。如有不妥，还望广大同仁批评指正。

张献芳

2022 年 9 月

目　录

第一章 体育教学概述

体育教学是学校体育的一个核心组成部分。学校体育发展的历史轨迹鲜明地折射出体育教学诸多方面的变化。现阶段，针对体育教学的研究具有重要的理论和现实意义，体育教学的科学化操作和实施是促进学生健康成长、提高国民身体素质的重要和有效途径。本章主要就体育教学的基本知识进行详细的阐述和分析，主要包括体育教学的概念与性质、特点与功能、原则与规律以及体育教学的发展状况，旨在为全面认识体育教学、理解体育教学的重要性、切实推进体育教学的研究和科学化实施奠定基础。

第一节 体育教学的概念和性质

一、体育教学的概念

在当代学校系统内，体育教学是一个人尽皆知的术语，目前的定义有很多种，对这个术语的理解，全国体育学院通用教材上已有明确定义。然而，体育教学究竟是怎样的一种教学活动或教育过程？对于这个问题的答案却众说纷纭、存在歧义。概念理解上的问题一直在体育教学的许多环节中有所表现，而且每当一种新的教学思想被提出或引入，体育教学的概念都会以一种新的说法呈现出来。体育教学是众多学科教学的一种具体形式，为了更深入地认识体育教学的概念，就需要首先了解教学的相关知识。对教学的基本含义进行分析是认识体育教学的重要前提。

（一）教学的基本含义

"教学"是一种动态行为，是教学工作者对具体的学科或技能组合进行的一种有组织、有计划的教学行为，可以从宏观和微观两个方面对教学的含义进行分析，具体分析如下。

首先，从宏观角度分析，教学是一种特殊的教育活动，它是指教学者就一种或多种文化为对象，对受教者进行教育，以期让受教者获得这种文化的活动。其中的教学者是掌握某种知识或技能的人，他与接受教育的人共同构成教学的主体。

其次，从微观意义上讲，教学是一种直观的教师进行教授和学生进行学习的活动，在这个活动中，教师是教学的引导者，是教学活动的组织者和知识传授者；学生是教学的"受众"和主体，简而言之，教学是一种以特定文化为对象的"教"与"学"的活动。

综上所述，可以认识到，教学是一种教育活动，这种活动需要教师和学生的共同参与，并为了实现某一具体的教学目标而相互协作。

（二）体育教学的概念分析

有关体育教学的概念，各个教材的说法不一，如潘绍伟、于可红的《学校体育学》①认为，体育教学"是学校体育的重要组成部分，是实现学校体育目标的基本组成形式，体育教学是教师的教与学生的学的统一活动"。与其他形式的教学一样，体育教学同样需要系统的组织与管理，但是，与其他学科教学不同的是，体育教学对教学环境的要求更高，所需器材和教学场地更加严苛。因此，体育教学并不是一种随意的、随心而行的教学活动，更不能将其等同于一种课余的休闲娱乐活动，它需要很多要素的构成才可以正常、合理、科学地开展。

我们认为，不能把目的、任务放在概念之中，因为"概念"是人们对客观事物认识的总结，只有概念明确，又能进行正确的思维和判断，进行合乎逻辑的推理，才能获得正确的认识。概念应具有简洁性、科学性。

如果把事物的目的、功能、价值等问题放在概念之中，就会把概念的内容变得很冗长，《学校体育学》中就有这样的表述，这是不合理的。

从本质上来讲，体育教学主要在学校环境中进行，主要参与者是体育教师和学生，具体的活动内容为：学生在教师的组织和指导下，对体育相关的基本知识、体育运动技能、体育运动素养进行了解、掌握和提高，教学的目的在于促进学生的身心健康发展、完善学生的个性心理特征、提高学生的社会适应能力，使之成为社会需要的人才。

二、体育教学性质

性质是指一种事物区别于其他事物的根本属性、本质属性。按此理解，性质即是事物的本质，性质的确定是形成概念的基础，那么什么是体育教学的本质呢？即体育教学与其他学科教学之间（如语文教学、数学教学、英语教学、生物教学、社会教学、物理教学、美术教学、音乐教学、劳动教学等）有怎样的本质区别呢？

体育教学和其他学科教学最根本的区别就在于它本身所具有的体育教学性质。这种性质使其主要具有以下特征。

（1）体育教学的教学地点多为户外，但现代体育教学场所通常为室内的场馆；

（2）教学中师生都要承受一定运动负荷与心理负荷；

（3）教学过程是身体活动与思维活动的结合，并且还有比较频繁的人际交往；

（4）体育教学侧重于发展学生身体时空感觉以及运动智力；

（5）教学更加关注学生自我操作与体验。

现代体育教学最重要的教学形式就是体育运动技能的教学，它是体育育人的主要方式。而对于运动技能的传授也是体育教学与其他学科教学的主要区别之一。在体育教学中，学生全面掌握体育运动技能，需要经过几个教学阶段（认知阶段、联系阶段与完善阶段）才能实现。具体来说，在体育运动技能的认知阶段，学生与体育运动技能之间的联系最为密切，该阶段教学的主要目的就是学生对所学技能的结构、要素、关系、力量、速度等要素进行表象化的认识，从这一角度来看，体育运动技能仅仅是学生提高身体素质、完成技术动作的一种方法，因此可以认为运动技术不具有人的特性，而只是一种"操作性知识"。

通过以上论述，我们可以认识到，体育教学的本质就是"一种针对运动技术和知识的教学"。在体育教学中，学生学会了运动知识并将之转化为运动技能，体育教学的本质就达成了。

第二节 体育教学的特点和功能

一、体育教学的特点

作为教学活动的一种，体育教学与其他学科教学有许多相似的特点，体育教学与其他学科教学的共性主要体现在以下三方面。

1. 体育教学和其他学科的教学都属于教师与学生的双边活动。教师与学生在教学活动中发生的各种形式交流频繁，如语言上的交流和肢体动作的交流等。过往这种交流更多是从教师向学生的方向展开（教师传授给学生某种知识和技能），现代教学要求教师开始注重使这种交流从学生向教师的方向转变。

2. 体育教学和其他学科的教学均是以班级为单位开展教学活动，实际的教学过程中，班级教学的组成方式会根据需要有所不同，如学生入学时组成的自然班，或根据学生的不同兴趣组成的单项班等。

3. 体育教学与其他学科教学的目的都是传授某种知识或技能。除了以上与其他学科教学所共有的特点外，体育教学还有其自身的特点，主要表现如下。

（1）教学环境的开放性

体育教学主要是在室外进行的，目前，我国各级院校的体育教学多以体育实践课为主，体育教师组织的大多数体育课主要在学校操场进行。与其他学科主要是在封闭的教室、实验室等地方开展教学活动不同，体育教学的教学空间富有变化性，环境更加开放。

当前体育教学环境的开放性决定了体育教学具有不同于室内教学的特殊要求，开展教学活动应注意以下几点。

首先，由于体育课多在操场进行，受到的干扰因素较多，如天气、地形、周边设施与噪声等，体育教学的组织管理工作愈加复杂，需要精心设计与统筹安排体育教学的组织形式、教学步骤与方法。

其次，室外的体育教学是动态的，大部分的教学时间学生都处在不断变化与形式多样的运动中，而且班级内学生较多，教师可采取分组教学。

最后，由于一些学校的体育基础设施条件较差，体育教师应重视学生的安全教育。

（2）教学过程的直观形象性

体育教学各个过程体现了鲜明的直观形象性。如体育教师的讲解除了要达到其他学科教师讲解的基本要求之外，还要求语言更加生动形象、贴切有趣，把所要传授的东西进行艺术性的描述，用生动的语言把复杂的技术动作形象化、简单化，加深学生对教学内容的感知。同时，体育教师的演示形式特殊，需要运用直观形象的动作示范、优秀学生示范、学生正误对比示范、教学模具或人体模型或动作图示等，使学生从感官上直接感知动作，建立正确的、清晰的运动表象。学生通过观看各种直观的动作演示，获得生动的表象，并与思维结合起来，从而达到掌握体育知识、技术和技能的目的，同时，还发展了自身的观察能力和形象思维能力。

体育教学组织与管理过程也体现了直观形象性，学生的一举一动都是外显的、直接的、可观察的，因此，体育教师的言行具有榜样作用，对学生的身心都是一种无形的教育，学生的课堂表现则是真实的、直接的、显现的，特别是在学生学习与运动过程中所表现出来的言行都是最为真实的一面，这一信息正是体育教师需要观察、帮助与反馈的最好信号。

体育教学过程拥有直观形象性特点。这种直观性主要体现在讲解、示范和教学组织管理三方面。具体分析如下。

首先，教师对教学内容的讲解具有直观形象性的特点。在体育教学过程中，教师讲解体育教学内容，不仅要达到与其他学科教师讲解要求一致，还要求体育教师的语言更加生动，并且富有一定的肢体表现能力，以使学生有形象、贴切、有趣的感觉。尤其是在某些拥有较难技术动作的体育运动教学中，教师不仅要对体育教学重点进行详细描述，还要用生动、形象的语言把复杂的技术动作进行简单化的讲解，做到深入浅出，以便于学生理解。

其次，教师对体育动作技能的示范具有直观形象性的特点。在体育教学过程中，每一项体育项目的教学都涉及技术动作或战术配合，为了加深学生的理解和认识，教师有必要进行动作示范和实践演示。在教师运用示范法时，需要运用非常直观形象的动作示范，其中包括正确动作的演示和错误动作的演示，这些演示都是非常直观地展现在学生眼前，不能有任何的艺术加工和变形，这样才会使学生从感官上直接感知动作的正确与错误，以利于他们建立正确的、清晰的运动表象。当学生建立正确的动作表象后，再配合教师的讲解，使之与思维结合起来，从而掌握体育知识、体育技术和体育技能，改善身体素质，提高运动水平。

最后，教师对体育教学的组织与管理具有直观形象性特点。体育教学中，教师与学生接触更多，关系更融洽，对学生的组织与管理也具有直观性，如要更加富有责任心、更具有活力，身体力行，这对学生的身心也是一种无形的教育，有助于教师对学生的观察与帮助。把控教学过程也能为学生创造轻松的教学环境，使学生在教学中表现出来的言行都是他们最为真实的一面，有利于体育教师获得正确的教学反馈，并及时修正。

（三）人际关系的多边性

在体育教学中，人际交往占据重要位置，体育教学中的人际交往具有多边性的特征。

现代体育教学的组织形式主要是在单人、双人、小群体以及全班之间不断转换的，要求学生在不同的时空内完成不同的身体运动、不断地变换地位，彼此之间建立多种不同的联系。因此，在体育教学过程中，师生之间、生生之间、小群体之间具有频繁且形式多样的人际交往关系。

针对体育教学过程中人际关系的多边性特点，体育教师可以运用多种方式与学生交流与沟通，并引导学生相互之间进行配合、鼓励与评判，使学生在体育课堂中初步体会社会交往，培养学生的合作意识，提高其人际交往能力。

（四）技能学习的重复性

教育部印发的《义务教育体育与健康课程标准》（2022年版）指出，现代体育教学应促进学生完成运动参与，促进学生的身体健康、心理健康，并提高社会适应能力。体育教学最基本的目的则是使学生掌握运动技能，而达成这一体育教学目的，就必须重复学习运动技能。

运动技能的形成具有阶段性和规律性，运动技能形成大致分为四个阶段：练习分解动作阶段、练习连贯动作阶段、独立完成连贯动作阶段和熟练完成连贯动作阶段。学生要想熟练掌握运动技能，需要经过长期的反复练习。学生无论是掌握篮球、足球和排球运动中的复杂技能，还是学习体操中的滚翻、田径中的跑步技能，都需要经历由不会到会、由简单初步学习到复杂深入学习、由不熟练到熟练的发展过程。在此过程中，体育教师要严格遵循循序渐进原则，逐步指导学生掌握各种运动技能，根据不同运动技能的特点安排练习内容和时间，通过反复练习，使学生掌握、提高运动技能。

（五）身体活动的常态性

在体育教学中，学生需要不断重复学习体育运动技能。这也决定了学生在体育教学活动中，要经常进行身体活动，即体育教学具有身体活动的常态性特点。体育课堂教学过程中，教师与学生的身体操练非常频繁，这成为体育教学非常显著的特点。

一般性（主要是指文化类学科）的教学多在教室（实验室、多功能厅）进行，且要保持相对安静，这样才能激发学生的思维并产生很好的学习效果。而和这些学科相比，体育教学却刚好相反，其教学的地点多为户外运动场馆，普遍较为宽阔，而且在大多数时间的运动技术练习环节并不需要刻意保持安静，学生之间、学生与教师之间都可以随时有相关的交流和沟通，如此才更有利于运动技术的学习。

体育教学要求学生应掌握基本的运动技能，体育教学过程中充满了对身体活动的要求是体育教学与其他学科教学最大的不同之处。在体育教学中，几乎所有内容都涉及身体活动，或者是为即将到来的活动做准备的活动，就是对作为"身体知识"的体育教学的最好诠释。在体育教学过程中，不仅是学生要进行具有一定身体负荷的运动，教师在做示范、做指导和参与到组队教学赛中也需要付出不少体力。可见，体育教学身体活动常态性的特点不止针对学生，同时也包括教师。

（六）身心练习的统一性

一般认为，身体与心理是两种不同的事物，彼此间并没有很多的交集，实则不然。现代科学研究发现，身体健康有助于改善心理健康，而心理健康与否也可以影响身体健康。因此，现在体育教学具有要求学生身心共修的特点。

体育对人自身自然的改造，不仅是形态结构与生理机能的统一，也是身与心的统一。体育教学要在追求体育文化传承的同时，促进学生身体改造，并强化学生的心理与社会适应能力的发展。体育教学营造了不同于智育教学的氛围，这些生动的、直观的、外显的、情绪化的教学情境为学生的心理与社会适应能力的健康发展提供了良好的环境。因此，体育教学中的身心发展是一元的，这也符合辩证唯物论观点。身体发展是基础，心理发展依赖于身体的发展而存在，心理的发展同时促进身体的发展。

（七）教学内容的情感性

体育教学内容是非常丰富的，它会涉及多种与体育相关的内容，不仅限于球类运动、游泳、田径，还包括如体育舞蹈等内容。通过对这些内容的学习，学生可以普遍从中体会到源自体育的丰富情感。体育教学的美，首先体现在师生运动过程中的人体美、运动美。师生通过运动塑身，形成身体各部分线条的美、身体比例对称的美，同时实现运动过程中人体运动的美，这些都是外显的内容。其次，还体现了人体运动过程中的精神美，如在运动中克服生理心理障碍顺利完成教学目标，运动过程中体现谦虚、谦让、礼貌等风范。

体育教学中，学生丰富的情感体验主要表现如下。

（1）在体育教学过程中，学生可以体会到只有体育才能赋予人的人体美和运动美。一方面，学生通过体育教学，掌握体育健身的方法和技能，以此达到运动塑身的效果，使身体外在形态保持优美的线条和良好的比例；另一方面，学生通过不同运动，可以认识到人体不同动作展现出的动作美和肌肉的动态美，这种美只有在运动中才能看到，是极为外显的美。

（2）除了体育运动的人体美与运动美，体育教学活动还体现了教学内容的审美性。每一个运动项目都表述着不同的审美特征与美学符号，如球类项目，除了表现个人的运动优势外，还需要兼顾群体合作、协调、互助等人际素养；田径项目更多的是表现个人的运动天才，同时也需要有永不言败的豪气；乒乓球项目展示的是东方人的灵巧与技艺等。这些内容都是人类积累下来的体育知识与技能，体育教师通过科学的概括和艺术的提炼，卓有成效地将其传授给学生，使学生去感知、去体验，从中获得美的享受、美的启迪，净化心灵，陶冶情操，促使身心健康和谐发展。其次，教学是一种创造性的社会活动，师生共创的课堂教学情境给人以意境的顿悟和精神上的启迪，令人回味无穷。同时，体育教学中教师和学生之间有一条无形的通道联系着，构成了教与学的系统。教师传授知识的过程中，伴随着师生间丰富而真诚的情感交流。

（3）体育教学中对美的感受，可以提高学生审美能力。既然有美的存在，那么就要有欣赏美的人和能够欣赏美的能力。

（4）体育教学能使学生真正领悟体育精神。每一项运动都向人们展现出了不同的美的特点和审美特征，如球类运动可以表现个人对球类技术的掌握能力，集体球类项目除了个人能力外，还包含了队友之间的互助精神。这些内容都是人类积累下来的丰富的体育内涵，而通过体育教学能促进学生感受到体育的精神美，掌握体育的精髓。

（5）在体育教学过程中，学生通过参与体育活动可以陶冶情操、平衡心态。如学生在关键时刻始终保持冷静的心态，或是在胜利时表现出谦虚等。

（6）体育教学是一种创造性的社会活动，其创造的成果就是让学生获得内在的顿悟和精神上的启迪。同时，体育教学沟通着学生与学生、教师与学生，对学生提高社会适应能力具有重要作用。

（八）教学条件的制约性

体育教学内容丰富，涉及要素较多，也就使得体育教学会受到更多客观条件的制约，这是体育教学的重要特点之一。体育教学活动受到的制约主要有：学生运动基础、学生其他基本情况（年龄、性别、生理和心理特点）、体育教学场地条件、器材、气候等。这些因素都会影响体育教学质量的高低。具体来说，主要表现在以下两方面。

首先，就教学主体来讲，学生作为体育教学过程中体育知识与技能的受众，与学生有关的诸多情况会对体育教学本身造成一些影响，因此体育教学要想进行得顺利、获得良好的教学效果，就要注重在学生的运动基础方面以及体质强弱等实际情况方面的区别对待。这些差异具体有男生与女生不同的身体形态、机能水平、运动能力等，根据这些差异，学校体育教育部门在进行教学设计、教材选择和教学组织等方面的制定时就要考虑周全，否则就会影响教学目标和教学效果。

其次，就教学环境来讲，体育教学环境是体育教学的重要载体，其质量的高低对体育教学会产生较大影响。例如，体育教学活动多数在户外开展，会面临严重的空气污染，或邻近马路带来的噪声污染等问题，这些问题势必会影响体育教学主体在教学活动中的状态；天气对于室外体育教学的影响也是不能忽视的，这点早年间较为明显，如遇到雨、雪、大风等恶劣天气时体育教学不得不停止，转而来到室内进行一些体育理论的教学，如此势必影响体育实践课教学计划的顺利展开。

（九）传承运动知识的操作性

与其他学科所不同的是，体育运动知识是"身体知识"，这类知识是人类知识发展过程中的一种特殊的知识，是人们从自然外部知识的追求转向人体内部知识的结果，是对人类自我、人类人体、人类自身的一种挑战。在教育界十分重视发挥"学生主体性"的今天，这种追求人类自我知识的回归不仅代表了体育教学的特殊性，还予以体育教学知识传承的特殊意义。从这一层面分析，体育教学传承的"身体知识"并不是传统意义上的"下里巴人"，"身体知识"也是一种科学知识，一种真正回归人类自身感觉的知识，这种知识的重要性只是没有被发现和挖掘而已。可以预见，今后这类知识必将得到人类的认可，并将广泛地用于人类身心的健康研究之中。

（十）师生身体活动的频繁性

在体育教学过程中，由于"身体知识"的来源是身体的不断操作与实践，因此，教师需要不断地进行动作的示范、反馈与指导，而学生更需要身体操作与体验，没有身体的反复操作与演练，运动技能是无法习得的。所以，在体育课堂教学过程中，教师与学生的身体操练非常频繁。这在其他学科教学中是罕见的，其他课程的学习必须在室内进行，并且要保持相对安静，这样才能激发学生的思维并产生很好的学习效果，而体育教学却相反，活动过程中既有学生强烈的身体活动，也有学生欢快的体验情绪，这些都是外显的行为表现，没有过多的文化渲染，只有纯真和自然。

（十一）客观外界条件的制约性

体育教学区别于其他学科教学的另一特点是，体育教学效果更容易受到外界各方面的影响与客观实际情况的制约，如学生的运动基础、学生的年龄、性别、生理和心理特点、体质强弱、客观气候条件、场地、器材设备等，这些因素在各个层面影响着体育教学的质量。从体育教学对象来看，体育教学要实施教育的全面性不仅在运动基础方面要注意区别对待，还必须体现对学生的年龄、性别、生理和心理特点以及体质强弱等实际情况的区别对待。如男女学生在身体形态、机能水平、运动素质、运动功能等方面具有明显的差异。在教学设计、教材选择、教学组织等方面就要考虑性别差异。如果忽视了这些特点，盲目地进行教学，不仅达不到增强体质的教学效果，而且还有可能增加学生安全方面的风险。从体育教学环境角度来看，体育课堂教学基本在室外进行，而室外的影响因素较多，如马路上的汽车声。同时，学生也有了更为广阔的视野，这个视野容易使学生的注意力分散。还有一些不可控的因素，如天气等，都会对体育教学产生干扰。同时，体育教学对客观气候条件和场地、器材设备条件的要求也较高。因此，从学生的体育教学计划到具体课时计划，从教材内容选择到教学组织方法实施，体育教师都必须考虑到这些客观实际与影响因素，尽量减少各种因素的干扰，提高体育教学质量与效果，同时还要利用严寒、酷暑等条件培养学生适应环境的能力。

总之，体育教学受多种体育教学条件的制约，要想顺利开展体育教学，摆脱不利于体育教学的各种因素的影响，体育教师从学年的体育教学计划到具体课时计划，从教材内容选择到教学组织方法实施都必须考虑到这些客观实际与影响因素，结合教学实际，科学选择体育教学内容、方法和组织形式，尽量将制约因素的影响程度降至最低。

二、体育教学的功能

体育教学不仅要向学生传授生物、生理、心理、医学等自然科学和体育基本知识，还要将科学的身体锻炼方法与手段传授给学生，使学生正确掌握运动技能，同时达到学习、健身与锻炼的目的。此外，体育教学对培养学生爱国主义情感、集体主义价值观、互帮友爱和顽强拼搏、积极进取的精神也发挥着极大的促进作用。在此，我们根据功能是事物的属性特征、功能的中性论特点，把体育教学功能归结为以下几方面。

（一）传播体育知识

体育教师承担着传播体育知识的重要责任，体育教学具有传播体育知识的重要功能，体育教学主要是通过改造学生身体的手段来实施教学的，从教与学的角度来说，可以将体育知识形容成一种"身体的知识"。这种知识最初伴随着人类的发展而发展，每个人类社会时期都有相应的"身体的知识"的传承，如在原始社会，身体的知识就是人类通过走、跑、跳、投、打等动作捕获猎物或逃避猛兽的追捕等行为。而在现代社会中，体育知识的传承内容变成了某项体育运动（如篮球、体操）的基本知识或某些体育技能。

现代教育强调以人为本，人们对以人为本的教育教学理念的追求使得人类自我知识的回归不仅代表了体育教学的特殊性，还给予了体育教学知识传承的特殊意义。具体到体育教学中，要求教师在体育教学的开展和实施中重视学生的主体性作用，因为学生才是体育文化的继承者和传承者，体育教学就是要发挥体育文化的传承功能，使体育文化能通过体育教学获得长久的传承。

应该认识到，体育教学中对体育知识的传承不是简单的"身体的知识"的模仿，更多的是通过体育教学，来向教学对象（学生）传承体育文化，即体育教师通过体育教学内容向学生展现、传授和体育教学内容的相关文化。

（二）传授运动技能

体育教学中所涉及的体育运动技能对于人体的要求不再像过去那样严格，主要是指如球类、武术、田径和游泳等运动技巧和方法。科学研究表明，适当参加体育运动对人的身体素质的发展非常有益，而体育教学就成为传授这些运动技术的最好方式。

当前，在体育教学中，体育教学活动的组织过程就是体育教师以体育教学内容为依据对学生传授体育知识与相关技能的双向信息传送的过程。因此，运动技术就成为体育教学的主要内容，也是重要内容。具体来说，教师在体育课中传授的是各项具体运动技术，如足球运动中的传球技术，甚至可以细分到脚背传球技术。运动技术不同于其他学科的学习，它不仅需要学生对运动理论有深刻的了解，还要身体力行地参与技术练习，在无数次的重复中逐渐在脑中和身体上建立起对技术的表象反应，最终熟悉动作以及可以在下意识的情况下做出正确的动作。因此，对于运动技能的训练，没有实践就无法学会。

作为运动技术的掌握者和传播者，体育教师在向学生传授运动技术的过程中发挥着十分重要的作用。体育教师对运动技术的传授应从简单的、入门的、基础的入手，在此之后逐渐积累，由简到繁，循序渐进。

（三）健身功能

增强人民体质是发展体育运动的本质属性。经过长期的改革与实践，现代体育课程在规划设计教学大纲、选择教材内容、安排课时、实施教学组织等方面已逐渐合理化与科学化。

促进学生身体的发展，实现体育教学的健身功能是体育教学的本质意义，这要求体育教师应做到以下几点。

（1）始终将健康教育放在重要位置，根据体育教学的规律特点，将各种行之有效的健身内容、方法与手段（健身的、竞技的、娱乐的、保健的方法等）应用到体育教学中去，有机协调并统一体育教学的教育性、健身性、竞技性和娱乐性等特征，从而提高体育教学质量，促进学生积极参与体育运动，科学地进行体育锻炼，进而实现强身健体的效果。

（2）为保证学生身体的健康，体育教师应酌情掌控运动负荷强度。学生亲身参与体育运动实践在体育教学活动中是必不可少的。既然参与运动实践，就必然会使身体承受一定量的运动负荷。合理的运动负荷对发展学生身体素质有极大的帮助，它对学生的机体或多或少会产生一定的刺激与影响，其影响的程度要视运动项目的内容、学生身体素质、持续运动的时间、运动间隙时间、营养补充等情况而定。而不同运动项目对身体的锻炼重点也有区别，如足球运动对人体的耐力、爆发力、速度和灵敏度有着较高要求，游泳对人体心肺功能和协调能力有较高要求等。如果运动负荷过大，那么体育运动对学生的健康无益，反而会对学生的健康造成损害。因此，体育教师在制订教学计划前就要对学生的普遍体质与运动基础有一个清晰、全面的认识，并遵循体育教学的规律，运用科学的教法合理组织体育教学，以此来有效发挥体育教学健身的功能。

（四）健心功能

心理健康也是评定人体健康的指标之一，体育教学不仅有利于学生的身体发展，还对学生的心理健康发展具有重要的作用。

和体育教学的健身功能一样，体育教学促进心理健康的功能主要是通过教师传授来实现的，因为教师的一言一行无时无刻不影响着学生的思想，这些行为都是在潜移默化中进行的，因此，教师必须身体力行、为人师表，为学生做出表率。

体育教学的健心功能主要表现在以下几方面。

（1）缓解压力。体育活动可以使学生得到身体和心理上的放松，缓解学生的学习压力。

（2）平和心态。在参与体育运动的过程中，学生要频繁地面对成功与失败，其中失败和挫折的次数远远多于成功。由此可以培养学生在逆境中正确调整心态的能力，作为胜利者，也要做到戒骄戒躁，只有具备这样的素质才能再接再厉，取得成功。教学更为重要的作用是传授各种人类社会的道德、规范与理念，这是学生走向社会之前的必学内容。

（3）修养品德。体育教学具有帮助学生形成良好思想品德的功能。学生在体育教学与比赛中，可以养成遵纪守则的良好习惯。根据体育运动或游戏的规则，运动竞赛或游戏要想顺利进行，必须依靠参与者自觉遵守既定规则。在体育练习或比赛（游戏）中，学生还要懂得关心同学、尊重对手、尊重裁判，自觉遵守体育课堂秩序。

（4）完善人格。系统的体育教学对陶冶学生良好情操，塑造学生完美人格具有重要作用。在体育教学中，大多体育运动或体育游戏都需要集体参与方能完成。体育运动取胜关键要靠集体的团结配合。因此，学生为了取胜，必须认识到团结互助、协调合作、发挥集体力量的重要性。学生作为体育运动团队中的一员，需要处理好个人利益与集体利益的关系，应抱有克服一己私欲、顾全大局的思维行事。

（五）美育功能

正如前面所叙述到的，体育中蕴含着丰富的美，健、力等同时蕴含于体育运动中，静态的人体造型和动态的运动节律都具有美的特质，都表现出人们对美的向往。体育运动不仅在运动过程中突出了"美"的要素，而且在运动结果上也有淋漓尽致的体现。

体育教学的美育功能具体表现在以下几方面。

（1）体育教学中，通过组织和引导学生积极参与体育活动实践，经科学体育锻炼帮助学生获得完美的身体曲线。

（2）体育教学活动中会组织体育竞赛，学生通过激烈与公平的比赛而取得成绩，使学生获得成就感。

（3）体育教学可提高学生审美意识与审美能力。通过系统的体育教学，可以帮助学生树立正确的人体及运动的审美标准，使学生体验积极、健康的审美情感，进而提高学生的美学素养。

（六）影响学生社会交往的功能

从本质上而言，体育教学影响团体心理的功能也可称为体育教学影响学生社会交往的功能。在体育教学中，学生之间的交往具有特殊性、外显性与频繁性，这与其他任何一种教学活动或社会活动都有很大的差别。在体育活动中，学生身体之间的交流非常多，交流的同时也传播着各种体育竞赛的规则，可以说，体育教学也是一个"小社会"，这个小社会赋予了学生之间需要遵循的各种规则与准则。若不遵循，必然受到惩罚;若表现突出,则得到表扬。执行这个法则的人就是教师。因此，教师必须公正，才能对学生产生良好的影响，培养学生良好的体育道德规范，进而培养学生适应未来社会的各种道德规范与做人理念。

以上阐述了六方面的体育教学功能，这些功能是体育教学的本质功能，除此之外，还有一些其他的衍生功能，如体育教学的政治功能、经济功能、外交功能等，这些衍生功能与体育教学本身距离较为遥远，不在本书的讨论范围之内。

第三节　体育教学的原则和规律

一、体育教学的原则

体育教学可以划分为以下七个基本原则："身心发展"教学原则、"直观启发"教学原则、"精讲多练"教学原则、"循序渐进"教学原则、"区别对待"教学原则、"负荷适量"教学原则、"安全卫生"教学原则。具体内容与要求阐述如下。

（一）"身心发展"教学原则

"身心发展"教学原则是指在体育教学中，不仅要发展学生的身体，而且要发展学生的心理品质和社会适应能力。因为学生在体育活动中身心发展是合一的、统一的、和谐的、一元的。体育教学体现了学生身体活动的特殊性，因此，身体活动对学生的身体必然有一定的刺激作用，对学生的身体会产生一定的影响。但同时，体育教学活动也对学生的心理产生较大的影响，其中主要的影响包括两方面：一是对学生的个体心理产生影响，如兴趣、爱好、思维、记忆、情绪、意志等；二是对学生的团体心理产生影响，如集体意识、班级纪律、合作意识、协助态度等。人是一个完整的有机体，不仅具有生物性，还具有社会性，只有身体与心理相互协调、全面发展，人体才能正常运行。

贯彻"身心发展"教学原则的基本要求如下。

（1）在制订学段、水平、全年、学期、单元、课时等各种体育教学工作计划时，应注意各类教材的选择与合理搭配，要结合青少年生长发育的特点，在不同学段与水平上有所侧重。要切实关注学生体能的发展，遵循体能发展的规律，使学生在运动过程中有足够的运动量，对人体产生良好的作用。因此，在体育教学实践过程中，要特别注意教材对学生身体的作用。如果某教材本身具有较大的运动负荷，那么可以针对不同年龄的学生进行适量安排，如果某教材本身的运动强度不够，那么可以在体育教学中搭配一些身体素质的练习，做好"课课练"，促进学生体能的发展。

（2）体育教师在实施体育实践课教学的过程中，要加强对学生有关身体健康知识、科学锻炼身体知识的教育，积极引导学生正确认识身体健康的重要性，养成科学锻炼、经常锻炼身体的习惯，并促使学生在学习较为广泛的运动技术的基础上逐渐形成某些运动特长。

（3）体育教师在制定教学目标、安排教学任务、选择内容和方法时要注意体育教学育人的作用，不要轻易放过一个运动技术传习活动、一个竞赛过程的教育机会，因为这些活动本身隐含着体育道德的规范、体育精神的内涵、人际关系的功用等。我们在体育教学过程中不仅要培养身体健康的社会人才，更为重要的是培养心理健康、人际关系良好、愿意为国家发展做贡献的合格人才。而要实现培育身心和谐发展人才的目标，仅靠其他学科是不够的，只有把各个学科的育人优势都淋漓尽致地发挥出来，才能产生最大的功效。

（4）在体育教学过程中，特别是体育课上，体育教师要充分研究学生的心理，了解学生的心理特点，激发学生的主动性与积极性，并在教法与手段上实现多样化、灵活化，使学生愉快地学习体育、锻炼身体，从而纠正"喜欢体育活动而不喜欢上体育课"的现象。因此，作为一名合格的体育教师，不仅要分析教材内容、关注学生身体发展特点，更为重要的是，深入研究学生学习体育的心理，研究学生的个人心理特征，这样才能有的放矢，促进学生身心和谐发展。

（5）由于教学评价具有教学导向性功能，因此，在进行体育教学评价时要注意学生身心发展的全面性，不仅要研究与确定学生身体健康方面的评价指标、运动技能方面的评价指标，而且要注意其体育学习态度、人格形成、体育道德与人际发展、社会适应能力的评价指标，把教学预设与结果评价合理地结合起来，使体育教学的身心全面发展、和谐发展的理念得到落实。

（二）"直观启发"教学原则

"直观启发"教学原则是指教师通过多样化的、具有启发价值的直观手段，使学生产生清晰的运动表象，发展学生分析、综合、概括等方面的思维能力。常用的直观手段包括体育教师的动作示范、优秀学生的动作示范、挂图、人体模型、教具、保护与帮助、阻力与助力、媒体等，这些直观的手段有利于促使学生产生视觉、听觉、本体感觉等多种感觉器官的综合作用。在其他学科中，我们也使用各种直观的手段，有些手段是共性的，如挂图、教具、媒体等，这反映了认识活动中感知与理解、具体与概括、形象与抽象的关系。感性认识是认识一切事物的基础。但在体育教学中有些手段具有一定的特殊性，如体育教师的动作示范、优秀学生的动作示范、人体模型演示、保护与帮助、阻力与助力等。

因此，体育教师除了传授体育与运动的认知知识外，还必须使自己与学生亲力亲为，进行身体操作与练习，才能掌握运动技能。如果仅仅停留在理论知识的传习上，那么运动技能的掌握将永远成为一句空话。

贯彻"直观启发"教学原则的基本要求如下。

（1）体育教师首先要完善自身的运动技能，尽量做到"多能一专"，同时还要在熟练掌握各种运动技能的基础上，掌握运动技术的示范技能，以避免"只会练、不会教"。运动技术示范技能不同于运动技能，它是在运动技能的基础上发展起来的一种较为熟练的教学方式，如在动作示范过程中要注意教师示范的位置、距离、角度、方向、速度、示范面等。

（2）着力培养优秀学生骨干。根据班杜拉的观察学习原理，很多的行为与动作是在观察他人的过程中学会的。体育教学过程也不例外，学生之间的相互学习与观察是很普遍的，教师只有一个，学生则有 30 ~ 60 人，因此，教师的示范是有限的，只有发挥优秀学生的示范作用，才能加强直观教学的效果。但目前有关榜样示范、观察学习的实验研究还很少，有待于开发与深入研究。

（3）灵活运用其他各种直观教学手段。其他直观教学手段包括各类器械、标志线、标志物、保护与帮助等。这些直观教学手段有的已经被开发，有的还有待开发，这就需要广大的体育教师勇于实践、敢于探索，根据教学目标、学生的具体情况，在不同的动作与教学的不同阶段灵活运用与开发多种直观教学手段。但在开发与运用直观手段的过程中，要认清一个道理：直观是教学手段，不是目的，教学的目的在于通过直观手段更好地完成教学目标。

（4）在直观教学过程中，注重启发性。直观是教学手段，最终的目的是掌握运动技能，但掌握运动技能的过程并不是一蹴而就的，需要教师激发学生的主动性。因此，体育教师在展示直观教学时要注意和学生既有的生活经验结合起来或已学的动作联系起来，引导学生正确认识和理解所学的运动技能，有目的地引导、过渡、设疑、提问、对比，使学生不仅知其然，而且知其所以然。

（5）正确处理直观、思维与练习的关系。直观、思维与练习是紧密相连的。"直观"是基础、是前提，没有直观教学，学生难以理解所学的运动操作知识或技术；"思维"是核心、是关键，只有教学的直观，没有教师的启发性、学生积极思维的参与，那么直观也是一句空话，因此"思维"是把教师有效指导与学生积极参与连接起来的桥梁；"练习"是必需、是需要，因为仅有直观的教学、学生敏锐的思维与理解，没有身体的直接参与练习，那还是停留在理论思维的层面上，距离熟练掌握运动技能还相差很远，这就像坐在电视机旁看篮球赛，只能是欣赏，而不可能学会打篮球。

（三）"精讲多练"教学原则

"精讲多练"教学原则是体育教学的基本原则，也是一个特殊原则。"精讲"就是体育教师在吃透教材、了解学生的基础上，用精练的语言、较少的时间，将教材的主要内容、特点、动作技术要领和技能向学生讲解清楚。"多练"是指学生在体育教师的指导下，充分利用各种机会与时间更多地参与身体运动。"精讲多练"是一个完整的概念，它要求既重视讲的作用，又保证练的需要，把讲和练的作用结合起来，发挥师生双方面的积极性。就讲和练的关系说，"精讲"既为了给"多练"腾出时间，更为了给"多练"提供指导。"精讲"是基础和前提，只有体育教师"精讲"，学生才能在最短的时间内理解所学的内容、原理与方法，才能留给学生更多的时间，实现"多练"的目的，因此，在体育教学中要全面认识"精讲多练"的要领："讲"要避免注入式、满堂灌、烦琐讲解，但并不是单纯追求讲得越少越好，要讲得简要、核心、易理解；其次在"多练"环节上，要尽量减少不必要的队伍调动和其他的时间浪费，多给学生强化练习的时间，这样才能真正实现"多练"的目的，进而更有效地达到体育教学的目的。

贯彻"精讲多练"教学原则的基本要求如下。

（1）"精讲"内容精要。在体育教学过程中，教师的讲解是必要的，但在讲解过程中必须紧扣教学的目的与要求，突出运动技术的重点与难点，做到少而精而不要滔滔不绝、长篇大论。年轻的教师往往很难控制自己，主要原因有：一是年轻体育教师往往背诵书本的知识，而书本中有关运动技术的讲解要领是比较复杂的，如果照样画葫芦，势必会浪费很多时间，学生也难以理解；二是年轻教师没有教学经验，因此在讲解时不知道什么该说、什么不该说，什么需要详细说、什么需要简略说，这就容易造成讲解的无目的性、内容的繁杂性，学生听了教师的讲解也是云里雾里、不知所云。

（2）"精讲"方法恰当。在体育教学过程中，教师的讲解要做到既能体现教学要求，又符合学生实际水平。教师的讲解首先要针对教材内容的特性，有的教材内容很难，有的教材很容易。其次，要针对学生的特点，不同层次的学生，讲解的方法是不同的。如面对小学生，讲解就要儿童化、口语化；对于初中生则可以结合其所学知识，在形象化教学的基础上进行一定的抽象讲解；而对于高中生则不需要口语化、形象化的语言。同时还要面向单元教学的学习基础，若是新授课，那么讲解的内容、时间、方法都要尽量符合新授课的特点；如果是复习课，那么就要对讲解的内容、时间、方法进行必要的调整。

（3）"精讲"语言精练。在体育教学过程中，教师的讲解要做到明白生动、要言不烦，起点拨作用，启发学生的思考和想象。对于语言运用的技巧来说，体育教师往往比其他学科的教师难以控制，有的教师口头禅很多，在教学中反复运用此类口头禅，说者无意，听者却会辨别得十分清晰。因此，体育教师要特别注意语言的各种运用技巧，口诀化讲解可以帮助教师实现这一目标，这也是体育教师运用较多的一种方法。讲解的口诀化不仅有助于学生理解运动原理，更为重要的是可以帮助教师"精讲"。体育教师在实现语言精练的同时，还要注意语言运用的其他技巧，如语调、语气、语速等，这些内容有助于调节课堂气氛，达到讲解的最佳效果。

（4）"多练"质量兼顾。"多练"即要求充足的数量，这是由体育教学的特殊性决定的，没有足够的身体练习，运动技能是不可能完全掌握的。所以在体育教学过程中，体育教师要尽可能地利用一切时间让学生多练。"多练"也要保证一定的质量，如果仅有数量，没有质量，这样的"多练"也是无效的。因此，体育教师要根据不同阶段的教学目的和不同的教学对象，运用最有效的练习方式，实施"多练"环节，以求最佳的练习效果。

（5）"多练"方式多样化。学生进行身体练习的方式很多，关键是体育教师要通过多样化的练习方式，使学生达到掌握运动技能的目标。练习方式的多样化有重复练习法、间隙练习法、变换练习法、游戏练习法、改变条件练习法、循环练习法、帮助练习法等。这些练习方法不一定适合所有学生，实施"多练"的方式应该因人而异、区别对待。

（6）"多练"与动脑相结合。"多练"是基础，但不动脑的"多练"也是低效的。因为在学生练习的过程中，每一次练习的条件、练习的时机、练习的目的、练习的方式、练习的基础等都可能有所不同，这就需要学生经常动脑，分析每一次练习的情况，学会思维、学会反馈、学会总结，这样才能提高每一次练习的效果，而不是仅有重复的练习，没有实质性的提高。

（7）在教师有效指导下进行"多练"。仅有学生开动脑筋的练习有时也不能马上奏效，还需要教师的点拨与指导。有时，教师的点拨可以帮助学生节约很多时间，因为教师毕竟是先学者、引导者。因此，作为学生，要在"多练"环节积极动脑，开展反思性思维，提高每一次练习的效果；而作为教师，要发挥巡回指导的作用，对于不同的学生、不同的问题要区别对待，不断给予学生正确的反馈信息。只有教师与学生实现互动，学生的"多练"才能产生最佳效果。

（四）"循序渐进"教学原则

"循序渐进"教学原则是指在体育教学过程中有关教学目标、教学内容、教学方法、教学手段、运动量与运动负荷的安排要有一定的系统性和连贯性，符合学生年龄、性别、学习基础等方面的特征，体现学生的个体差异，使教学目标得到逐步提高与发展。制定"循序渐进"教学原则的主要依据是人们认识事物的规律、动作技能形成的规律和知识、技术的系统性和连贯性、教学目标的层次性等。在体育教学中，必须遵循由易到难、由简到繁，逐渐深入、逐步深化，才能使学生的知识、技术、技能、体能等得到稳步发展。

贯彻"循序渐进"教学原则的基本要求如下。

（1）深入了解学生身心发展的一般规律和特点。学生是教学的对象，学生各方面的特点是开展教学的基础，因此，作为一名优秀的教师，必须实际分析各个阶段的学生身心发展特点，不仅要分析他们身体发展的阶段性特征，还要分析学生的心理发展特征，这些特点为体育教学实施"循序渐进"教学原则提供了基础和条件。

（2）认真钻研教材，了解教材的内外部系统性。教材是教学的中介，因此，教师必须认真钻研教材。首先要善于了解教材外部之间的关系，分析它们的相通之处与不同之处，这样有助于在安排教学计划时关注教材之间的搭配；其次要善于分析教材内部的特点，即教材单元的课次、重难点等问题。

（3）教学设计体现层次性、连贯性。教师在教学预设过程中，可以根据学生的特点与教材内外部特点来进行合理的教学设计。这里的教学设计不仅是教案，也指包含教案在内的单元教学计划、学期教学计划、学年教学计划、水平教学计划、学段教学计划。因此，体育教师不仅要关注各类教学计划之间的关联性，还要注意某项教学计划的层次性，保证各类教学文件的连贯性、系统性、层次性，使运动项目的安排由易到难、由简到繁，符合循序渐进的要求，使每个学段、每个水平、每个学年、每个学期、每个单元、每节课的目标、内容、教法、手段等都做到前后衔接、逐步提高。

（4）安排运动负荷与运动量要有一定的节奏。人体身心发展的特点呈现出各类波浪形，学生身体体能的发展更是如此。因此，体育教师在安排各节课的运动负荷与运动量时，一定要注意节奏。首先，课内的运动负荷与量要有一定的节奏，要根据学生在 45 分钟内身心变化的规律安排好他们的节奏；其次，要关注课与课之间的运动负荷与运动量安排的节奏性，一方面使学生的机体得到足够的刺激量，另一方面又要防止过度疲劳对人体造成伤害。

（五）"区别对待"教学原则

"区别对待"教学原则是指在体育教学过程中，根据学生的不同特征，如年龄、性别、兴趣爱好、体质、智力、个性、学习基础等，分别给予不同的教学，使每个学生都能得到相应的提高与发展。"区别对待"教学原则性理论依据是不同性别与阶段的学生在其生理与心理、学习能力成效方面存在差异。

贯彻"区别对待"教学原则的基本要求如下。

（1）深入了解班级中每一个学生的身心特点。学生的身心特点主要是指不同年龄学生（学龄初期 6 ～ 11 岁、学龄中期 11 ～ 15 岁、学龄晚期 15 ～ 18 岁）的身心特点；

同一年龄学生之间的身心差异；不同性别学生的身心特点，不同学生的身体基础（身体素质、运动能力）；学前运动技术基础。

（2）深入了解班级课堂氛围。班级的课堂氛围对于教学效果会产生很大的影响。有的班级组织纪律性很好，学习气氛很浓，学生善于与教师配合，教师上课就会感觉比较轻松，效果也就比较好；但有些班级学生集体意识不强，纪律比较差，缺乏学习动力与积极性，那么教师的教学意图就难以很好地得到贯彻，教学的效果也就相对较差。对于一个教师来说，对新接手的班级可能不太了解，这时应多与班主任联系，了解整个班级的各种情况，如学生的纪律、身体、学习、体检情况等，在教学之初应仔细观察学生的语言与行为反应，哪些学生比较调皮，哪些学生个性与自尊心很强，哪些学生有身体痼疾，哪些学生体弱多病等。充分了解这些状况对于形成班级良好的集体气氛具有很大的作用。而对于已经在班级上课多时的教师来说，班级的氛围已经相对固定，这时也要深入了解学生对教师、对教学的各种反馈意见，及时调整自己的行为，处事做到公正、公平，才能以理服人，让学生喜欢。这样的师生关系更有助于改善原有的课堂气氛，产生更好的教学效果。

（3）根据不同学生的特点进行差异性教学。每一个教学班中的学生都有一定的差异性，但我们也不可能对50个学生施以50种教法。作为一名优秀的教师，应善于分析其中的共性，并在此基础上分别对待处于"两极"的学生，可以让能力较好的学生挑战新的目标与任务，也可以安排他们指导水平较差的学生；对于能力与水平较差的学生，可以安排特殊的教法与手段，或降低要求，让他们在相对较低的条件下体验成功的快感。这样就使优秀的学生用得其所，中等学生进步较快，较差的学生也能体验到体育的快乐。

（4）教师应给予特殊学生特殊指导。对于个别基础较差的学生采取一些特殊的教法步骤和辅助练习，特别是屡学不会的学生，尤应进行个别指导，提出改进意见，使他们达到教学要求。因为我们的教学是面向全体学生的教学，并不是个别化教学，放弃那些学习能力较差的学生的做法是违背当今教育理念的，是不可取的。

（5）根据教材的性质、具体教学条件、季节气候等特点安排不同的教学内容。同一教材，可因人而施以不同的方法和教学要求。如在教学中使用不同高度的跳高架、跳箱等。对于场地、器材、器械等教学条件的不同，教学目标、方法与手段也应各有不同。另外还要考虑地区、季节气候的特点，如夏季酷暑不要安排过大的运动负荷，否则容易中暑；冬季严寒，要注重运动前的准备活动，否则容易使机体受伤。

（六）"负荷适量"教学原则

"负荷适量"教学原则是指在体育教学过程中，根据学生的特点合理安排生理和心理负荷，并使练习与间歇合理交替，以达到增进身心健康的目的。运动负荷是一个调节运动效果的常见指标。因为学生在生长发育、逐渐成熟的每个阶段，生理机能都有相对的负荷极限，因此，学生在练习过程中如果其生理负荷和心理负荷超越了极限，就会有害于机体健康。如果负荷刺激量不足，机体的机能不能发生变化，则不能发展体能，在负荷过程中还要伴有间歇。间歇也是体育教学的必要因素，它对于调节课的节奏、消除疲劳、提高学习效率、活跃课堂教学气氛具有重要作用。所以，负荷与休息是体育教学的两个基本方面，安排得越合理越有利于提高教学效果。

贯彻"负荷适宜"教学原则的基本要求如下。

（1）认真研究与掌握运动负荷与身心发展的原理。作为一名合格的体育教师，首先要在职前教育过程中认真学习有关体育生理学、心理学的基本理论知识与原理，并在职后的教学实践中不断地加以体会与运用，这样才能更好地促进学生身心健康发展。

（2）合理地安排各类教学计划中的运动负荷。在制订各类体育教学计划时，要通盘考虑运动负荷与量的安排。在制订学段的教学计划时，要考虑到不同年龄学生的身体特点，合理安排教材与运动负荷；在制订学年的教学计划时，要注意季节性特点，合理安排教材与运动负荷；在制订学期的教学计划时，要根据教材单元教学的特点，合理安排各单元教材的运动负荷；在制订单元的教学计划时，要根据各课次的特点，合理安排运动负荷；在制订教案时，要合理搭配各个教材，使运动负荷与休息合理交替，同时还要考虑季节、场地、器材、教材等因素。

（3）根据适应性规律有节奏地加大运动负荷。运动负荷不能总是停留在一个水平，如果今天跑 50 米，明天也跑 50 米，一周或一个月之后还跑 50 米，那么学生的体能发展就会成为一句空话。就体能发展的规律而言，运动负荷是需要逐渐提高的。因此，体育教师在制订各类教学计划时既要注意安排合理的运动负荷，也要关注运动负荷在各个时期的节奏，这样才能对学生的机体产生足够的刺激，达到逐渐发展体能的目标。

（4）根据不同的课型、教材、学生，合理安排运动负荷。例如，复习课是以提高技术、技能和身体素质为主的，运动负荷的安排就要比新授课大；高年级和体育基础较好的教学班，运动负荷的安排就要比低年级和体育基础差的教学班大；运动负荷较低的教材要搭配运动负荷较大的教材等。另外，生活条件、营养条件、气候条件等因素也要在安排运动负荷时加以考虑。由于学生身体机能不同，同样的负荷可能产生不同的效果，因此，在体育教学中不能只根据某些表面数据来衡量运动负荷的大小，还要看机体内部的变化情况，这就要求对教学工作加强医务学监督。

（5）合理安排积极性休息的方式和时间。学生体能的发展不仅取决于运动负荷的量和强度，还取决于合理的作息时间，方式与次数应根据学生身体的状况而定，还要考虑学生的心理和生理特点。例如，同样的负荷，身体素质好的学生比身体素质差的学生恢复得快。休息的方式包括积极性休息和消极性休息，积极性休息方式更有助于学生身体的恢复，因此，要合理安排各种不同的积极性休息方式，如慢跑、热水浴、按摩推拿等。

（七）"安全卫生"教学原则

"安全卫生"教学原则在有关教材中没有涉及，基于体育教学活动安全与卫生问题的特殊性，以及体育教学实践中安全问题的困境，我们认为有必要增设"安全卫生"教学原则。这个教学原则意味着我们在体育教学设计与实践过程中，必须结合体育教学教材的性质与特点、学生的年龄特点，时刻关注学生的运动安全与卫生问题，做好各种预防措施，以减少不必要的身体伤害，保证学生在安全卫生的条件下有效地进行各种体育活动。

贯彻"安全卫生"教学原则的基本要求如下。

（1）建立"健康第一""安全第一"的思想。"健康第一"的思想已深入人心，也是政府导向性理念，但是，体育课的安全问题始终是一个学校体育和体育教学中的大问题。近年来虽然受到了政府、学校领导、教师、家长的高度重视，但体育课的身体伤害事故还时有发生。因此，我们在进行体育教学过程中一定要做好各种预防工作，切实贯彻"安全第一"的教学理念，把学生的安全问题、健康问题放在体育教学工作的首位。

（2）做好体育教学的各种安全措施。"凡事预则立，不预则废。"首先，体育教师要提前 10～15 分钟到上课地点（遇到特殊性教材需准备更多的器材时，还要更早到达），将上课的场地提前布置好，打扫干净，创造优美的育人环境，这是衡量体育教师工作态度、责任心、事业心的一个很重要的方面。其次，体育教师要根据上课内容，提前仔细检查每一件器材，特别是双杠、单杠、跳马等器材。再次，体育课前应做好准备活动，这是防止损伤必不可少的环节。体育教师要培养学生体育课前认真充分做好准备活动的好习惯，在做好一般准备活动的基础上，突出强调能结合主教材内容的专项准备活动，使学生身体各关节、肌肉充分活动开，为学练主教材做好身体准备。

最后，体育教师要在体育课中安排并教会学生各种体育运动技术的保护、自我保护与帮助方法，引导学生根据自己水平与能力参加运动，要防止有些学生因为争强好胜，而教师又没有及时制止而造成的伤害事故等。以上这些做法只是做好各种安全防范措施的一个很小的部分，关键在于每一位体育教师要有一份责任心，为学生的安全着想，这样才能做好各种预防举措，减少伤害事故的发生。

（3）实施"安全第一"原则不能违背体育教学规律。如果只选择难度很小的教材进行教学，那么体育文化在学生中的传承就会遭遇极大的障碍，学生也就体验不到难度较大的运动项目带来的快乐。因此，体育教师不能受"安全第一"观念的影响，在选择运动项目时不要弃难求易。

（4）关注体育教学过程中的运动卫生。日常生活中要经常注意卫生，这是预防外源性疾病的重要措施，在体育教学的运动过程中也是如此。昔日的体育教学，由于条件较差，学生往往在泥土地里上体育课，运动过程把整个场地搞得尘土飞扬，这是典型的运动卫生反面例子。当然，由于社会的进步与发展，人民生活水平的提高，除了在少数偏远的贫困山区学校还存在此类现象之外，现在大多数学校的运动场所已今非昔比，基本比较干净整洁，那么体育课的卫生问题就不重要了吗？非也，卫生问题不仅限于看得见的尘土，同时还要注意各种自然的环境变化，如冷环境、热环境。在冷环境下参与体育活动，如果不注意运动的时间、强度、衣服的增减等问题，同样也会造成对学生身体的伤害；在高于40℃的热环境下参加体育活动也是如此，容易出现中暑、晕厥等现象。因此，冬天的体育课准备活动的运动负荷显然要大些，时间要长些，运动刺激要高些，以身体微微发热、身体各关节和肌肉都活动开为目的，为主教材的学习做好准备。夏天的体育课准备活动的运动负荷要适当小些，运动时间要短些，运动强度要低些。其次，在运动建筑设备等方面也有相关的卫生问题，如室内建筑的通风、采暖、降温、采光、照明等，游泳池池水的卫生，这些都直接影响学生的健康。最后，在运动过程中也要注意运动卫生，如运动之前不要吃得过饱，吃完饭半小时以后才能运动，运动中不要过量饮水，运动结束不要马上饮水，长跑之后不要躺下休息，等等，这些问题也是有关青少年的卫生健康问题，同样应引起注意。

二、体育教学的规律

体育教学规律可分为一般教学规律和特殊教学规律。一般教学规律包括教和学相互依存、辩证统一的规律，认识事物的规律，在教学过程中教育、教养、发展任务相统一的规律；特殊教学规律包括体育教学过程的特殊规律、人体生理机能活动能力变化的规律、人体机能适应性规律、青少年身心发展的规律、动作技能形成的规律。综上所述，体育教学规律划分为一般教学规律与特殊教学规律。我们认为，体育教学首先应该是教学，应符合一般教学规律，这是大家的共识，我们重点要讨论的是体育教学的特殊规律，它是否符合体育教学的性质和特点。

（一）人体机能适应性规律

人体机能适应性是《学校体育学》《体育教学论》等教材中的体育教学规律之一，但我们在实践中发现，此规律虽对体育训练具有很强的指导作用，但对体育教学的影响却相对较小。针对这一现象，我们对人体机能适应性教学规律进行了深入研究。人体机能适应性规律是现代运动生理学对于人体运动过程中有机体能量储备等发生一系列变化的一种规律性总结，对于运动训练实践具有重要的指导意义。但它是否同样适用于体育教学过程？是否也是体育教学过程中的客观规律？对于这个问题，我们持否定态度。教科书对人体机能适应性规律的描述如下："当人体开始运动，身体承受运动负荷，体内异化作用加强，体内能量储备逐渐下降，这一期间称为'工作阶段'，经过间歇和调整，可以使体内的能量储备逐渐恢复并接近或达到运动前的水平，这是'相对恢复阶段'再经过合理的休息和能量的补偿，机体恢复功能可以超过原来的水平，称为'超量恢复阶段'。"但它主要是运动训练过程中总结出来的规律，而且它必须符合以下几个必要条件。第一，运动必须达到足够的强度与运动量，足以使人体产生比较强烈的刺激与能量的消耗。第二，各个运动训练课之间的运动强度、运动量间歇时间安排要科学，使运动对人体的刺激有一个比较好的衔接，使人体有充足的时间消除疲劳。第三，必须对运动员有一个定量的检测，用以说明各个训练课次的情况。

但是在体育教学过程中，以上运动训练中的各种条件是很难达到的。第一，缺乏检测学生的各种仪器与设备，因此，要测试学生的各种生理、心理变化的指标基本是不可能的。第二，每节体育课的运动负荷、间歇时间安排不可能像运动训练那样达到科学化。第三，体育教学的运动负荷安排一般达不到极限，因为体育教学是以锻炼身体、发展身心健康为目的。少年儿童心率上升的时期短而快，最高阶段的延续时间较短，承受急剧变化的负担量的能力较低。因此，对于小学和初中低年级的学生来说，体育教学的生理负担量不宜过大，活动的时间不宜过长。青少年阶段可以延长时间，承担一定的运动负荷，但它也不是无极限的，不以专项训练水平的提高为目的。第四，在课的安排方面，一般每周有2～3节体育课，课的安排是间断的，不像运动训练有周密的训练计划。第五，在教学内容方面，课的内容是多样的，既有三大球，又有田径、体操、校本课程内容等，而运动训练则是专项化的训练。基于以上分析，我们认为在体育教学过程中不可能达到运动训练中的"超量恢复"。

综上所述，体育教学中学生人体机能适应性规律的确存在，但需要细化为几个基本的规律。一是体育教学中学生人体生理机能活动变化规律，这个规律为制定体育课的目标、各阶段的任务提供依据。二是体育教学与学生身体发展非线性关系的规律，这个规律不存在"运动与身体健康的因果关系"，不存在人体机能"超量恢复"原理，因为这是由体育教学的实践特点所决定的。三是体育教学内容对不同学生具有不同的身体刺激规律。具体阐述如下。

（1）体育教学中学生人体生理机能活动变化规律。人的机体进行身体练习时，其机能状况的特点是：开始练习时人体克服生理机能的惰性，体内各器官系统的机能从相对较低的水平逐渐上升（上升阶段），以后在一段时间内，机体机能活动的能力稳定在较高的波浪式变化不大的范围（稳定阶段），人体产生疲劳后机体机能活动能力下降（下降阶段），随后恢复到安静时的机能状态（恢复阶段）。人体的机能活动能力是从上升阶段到稳定阶段，再到恢复阶段的。只有单节体育课才符合人体生理机能活动能力变化规律，因此，体育教学中应根据学生人体生理机能活动变化规律，合理安排教学内容、教法、负荷等。

（2）体育教学与学生身体发展非线性关系的规律。学生的身体发展本身有一定的规律，这是学生的先天遗传因素所致，因此，学生即使不参加体育活动，生长发育也在进行之中，运动只是影响学生身体发展的一个外界因素，掌握得好，会促进学生身体的发展；掌握得不好，则会损害学生的身体。运动对学生的身体会产生一定的影响，这是个不争的事实，但是，从结果来看，这个影响到底是运动造成的还是学生本身的生长发育所形成的，是无法测量的。因此，可以认为运动过程中给予学生的负荷与学生身体的变化不是相对应的关系，即非线性关系，而只有指向性关系。即给予学生适宜的运动负荷，对学生的身体发展会有一定的促进作用，但具体的数量还不明确。

（3）体育教学内容对不同学生具有不同的身体刺激规律。教学内容与运动负荷有内在的本质联系。所谓运动负荷（又称生理负荷），是指人做练习时所承受的生理负荷。运动负荷包括运动量和运动强度两方面。在教学过程中只有保持适宜的运动负荷，才能收到较好的教学效果。不同的教学内容对运动负荷有直接的影响，如某次教学内容是太极，那么学生的心率是达不到每分钟180次的；初中生100米快速跑，跑后即刻心率可达到每分钟160次以上，慢跑1分钟，心率一般在每分钟130次左右。显然，教学内容与运动负荷是直接相关的，教学内容与运动负荷的相关性规律是体育教学所特有的规律。在体育教学过程中，运动负荷较大的教学内容有跑、跳、攀登等，而走、爬、投掷等的运动负荷则相对较小。所以，在体育教学过程中，应高度重视教学内容与运动负荷的相关性，在教学内容的安排上，可以交替安排运动负荷大和运动负荷小的练习。通常把正常学生取得最佳健身效果的心率区间确定为每分钟 120 ~ 140 次，而一节课上，可将此心率保持的时间控制在 10 分钟以上，并以中等强度和中等量结合的运动负荷为主，兼顾学生的课后恢复。因此，应根据不同教学内容的特点科学地安排教学内容，以更好地促进学生身体的发展。

（二）运动技能形成规律

运动技术教学是体育教学的本质之一，它不同于一般的知识教学，必须实施有效的实践与操作。运动技术教学也不同于一般的操作技能，体育教学直指"身体运动"，因此，我们必须了解运动技能形成的规律。关于运动技能形成规律各类教材中涉及较多，其观点也基本趋于一致，因此，本书主要以陈述前人观点为主。

（1）粗略学习运动技术阶段。从生理学角度来看，此阶段由于新的运动技术所引起的内外刺激对学生身体来说都是新异刺激，并通过各种感受器（特别是本体感受器）传到大脑，引起大脑皮层有关中枢神经细胞的强烈兴奋，但因大脑皮层内抑制过程尚未建立起来，但是，大脑皮层的兴奋与抑制过程都依照大脑皮层本身的运动规律趋于扩散，使条件反射暂时联系很不稳定，出现了泛化现象。具体表现为动作僵硬、动作不协调、不准确、多余动作、错误动作很多、动作时机掌握不准确、节奏紊乱。从心理学角度而言，此阶段学生的视觉起到了主导作用，学生主要通过观察教师、优秀学生、教学媒体的各种运动技术演示，在头脑中建立比较正确的运动表象，但由于学生在初学时缺乏感性的认识与直接的经验，因此，虽然注意力高度集中，但情绪紧张、心理能量消耗大，在大脑中建立的运动表象或隐或显，直接表现为动作吃力、不协调。

（2）掌握分解动作，改进与提高完整运动技术阶段。从生理学角度来看，随着学生学习的深入，学生大脑皮层运动区的兴奋与抑制过程在时空上的分化开始发展，大脑皮层运动中枢的兴奋和抑制过程逐渐集中，由于抑制过程加强，特别是分化抑制得到发展，由泛化进入分化。第一、第二信号系统的相互作用开始得到加强，具体表现为逐渐学会各个分解动作、多余动作开始减少、动作的时机与节奏开始符合要求等。从心理学角度来看，学生注意力的分配能力开始增强，感知觉开始分化，视觉、听觉、动觉开始同时发挥作用。但此时条件反射还很不稳定，易受新异或强烈刺激干扰，精神依然较为紧张，注意力范围还很小，动作较为忙乱，连贯动作不协调、呆板，出现的错误动作很多等。因此，这一阶段的教学任务是在粗略学习运动技术的基础上，进一步消除紧张情绪，熟练各个分解动作，并加深理解各个动作结构的内在联系，在掌握各个分解动作的同时，建立完整动作的概念与连接。根据这一阶段的特点和任务，教师应运用多种教法，增加重复练习的次数与时间，在不割裂完整动作的基础上，比较各个分解动作，帮助学生纠正各种错误动作，领会技术动作的关键，根据完整动作的要求，有节奏地进行各个分解动作的组合练习，从分解动作过渡到完整动作。

（3）掌握完整运动技能阶段。从生理学角度来看，通过完整运动技术的反复练习，运动技能逐渐形成，运动动力定型趋向巩固，大脑皮层运动区内兴奋与抑制过程不论在空间和时间上都更加集中，有时可以在脱离意识控制下完成动作，在不利环境与条件下，运动形式不会遭到破坏，植物性神经功能与躯体性神经功能开始协调配合。从心理学角度来看，学生的精神紧张不断降低，注意力范围不断扩大，语言的作用开始加强。具体表现为：完整动作完成情况较好，动作协调、省力，基本没有错误动作，动作的相互矛盾与干扰逐渐减少，完整动作比较连贯，节奏性较好。

这一过程运动动力定型虽已基本巩固，但仍然要经常加以练习，否则动力定型还会消退。对于复杂、难度大的运动技术，如果缺乏经常的练习，不仅其运动技能难以进一步巩固，而且很容易消退。因此，此阶段的任务是要求学生在各种条件、环境下经常练习，关注运动技术的各个细节，加深动作技术的理论和原理的理解与消化，并配合运动实践，从而促进完整运动技能达到自动化程度。

此阶段对于中小学学生的体育教学具有特殊的意义与作用。体育教学毕竟不像运动员的运动训练，运动员具有很好的身体素质与充足的运动时间，而中小学学生的身体素质较差，运动时间也相对较少，因此，需要结合中小学学生的年龄特征，对于较难的、较复杂的运动技术要进行分解教学。当然，教师在分解动作时不能破坏其运动技术的完整性，在分期完成分解动作之后，要注意各个分解动作的连接练习、部分完整练习。只有这样，才能从分解过渡到完整，为熟练掌握完整动作打下坚实的基础。

（4）运动技能自动化阶段。从生理学角度来看，随着运动技能的巩固与发展，学生掌握的运动技能开始出现自动化现象。所谓自动化，就是指在练习某套动作时可以在脱离意识的情况下自动完成。所谓下意识或无意识完成动作，不是真正意义上的没有意识地去完成动作，只是指在大脑皮层兴奋性很低的情况下可以完成一些活动或动作。例如，在骑车过程中，人完全不需要意识控制，如车把的稳定、重心的移动、踏车的动作等，都能下意识地加以调整，注意力可以转移到观看周围的情况。从心理学角度来看，这一阶段精神紧张完全消除，注意力范围扩大到最大程度，运动感觉对动作的控制调节占据主导地位等。具体表现为能高度准确、熟练和省力地完成动作，动作娴熟、准确、漂亮、省力，并能体现运动技能的个性化特征。继续发展，可以表现为运动技巧和运动能力，并能随机应变地、灵活自如地运用。但是运动技能的自动化是在下意识情况下完成的，一时的动作误差往往不易被察觉，如果重复多次而被巩固下来，也会使已形成的动作技能变质。因此，这一阶段的教学任务主要是巩固发展已形成的动力定型，使学生熟练、省力、轻快地完成动作，并能在各种变化的条件下自如地运用。根据这一阶段的特点和任务，教师应继续要求学生进行强化练习，并注意运动技术的细节问题，使学生参与各种条件、环境下的练习，特别是运动比赛，不断地巩固已形成的动力定型。

动作技能形成的四个阶段是有机联系的。由于学生的学习基础、学习条件、教学的组织和教法水平以及其他有关条件不同，四个阶段的具体特点和所需的时间也有所不同。一般情况下，中小学学生要达到运动技能的熟练化、自动化程度，其难度非常大，要实现这样的目标，体育教学仅仅是个基础，关键是课外体育和自主锻炼，体育教师的作用仅仅是把握体育课堂教学的时机，传授正确的运动技术，激发学生运动兴趣，正确选择各种教法，纠正学生的错误动作，对学生掌握多种运动技能起到推动作用。

（三）心理活动能力变化规律

体育教学中学生的心理变化情况是非常复杂的，因此，我们需要简化学生体育学习过程中的多种心理学指标。涉及心理学的因素很多，如学生在体育学习中的注意、思维、记忆、情绪、意志、兴趣、爱好、性格、个性特征、世界观等，要考察全部的因素与内容，会变得异常复杂。本书主要针对几个心理过程的重要指标（如果涉及心理特征，则更为复杂）进行分析，以期引起理论研究工作者与实践教学工作者的关注。这里选用的几个重要指标是兴趣、注意、思维、情绪、意志。

（1）体育教学中不同年龄学生的注意力特征

①学龄初期（6~12岁）的儿童有意注意正在开始发展，无意注意仍起着重要作用，所以外界客体很容易引起他们的无意注意。尤其是小学一、二年级的学生容易把注意转向外部的、吸引他们的刺激物。这一年龄的学生有意注意的稳定性不强。研究表明：7~8岁的儿童一般仅能保持有意注意10~15分钟。实验证明，如果要求一年级的学生在3~10分钟内连续做7次练习，那么，在完成了5次练习之后，就会看到很多注意力分散的现象。所以，在体育教学中不应强制儿童去完成练习。

②学龄中期（11~15 岁）的学生有意注意有了进一步发展。11~15 岁的学生能够在适当的教学条件和对教材有较强动机的情况下，毫无困难地保持有意注意 40 ~ 50 分钟，他们能将注意分配和立即把注意转移到有关的单个对象上。尽管如此，他们仍容易分心。这种分心是由多种原因造成的，行动具有冲动性、耐受性，追求尽快地自己做动作，要求在积极活动中得以成长，或者是由于教材过于抽象、高深，与他们的知识经验相距很远等。

③学龄晚期（14~18 岁）的学生具有长时间地保持有意注意的特点。高中生已具备了长时间地保持注意的有意义的动机，他们明显地表现出试图自我认识和自我表现，并能完全自觉地接近这一目标。因此，他们的注意稳定性有了很好的发展，注意的范围达到了一般成人的水平，能够在比较复杂的活动中很好地分配自己的注意。所以，在体育课上他们不仅在教师做示范动作时，而且在讲解动作以及讲述理论问题时，都能保持注意。对于小学生和初中生来说，组织注意的主要因素是提供教材的形式；而对于高中生而言，更重要的是提供的教材内容，他们十分注意教材内容的先进性和科学性。

（2）体育教学中不同年龄学生的思维特征

思维的年龄特征只是针对总的发展过程中那些具有某些共同现象和特性的时期或阶段来说的，通常指的是学生在一定的年龄阶段所表现出来的一般的、典型的、本质的特征。各个时期的思维特征并不是单独的，而是交叉存在的。在某一阶段之初，可能还保存着大量前一阶段的年龄特征；在这一阶段之末，也可能产生较多下一阶段的年龄特征。思维的年龄特征还表现出各阶段、各种心理现象发展的年龄特征，例如，小学四年级以前以具体形象成分为主要形式；四年级以后则以抽象逻辑成分为主要形式；初中二年级是从经验型向理论型发展的开始，也是逐步了解对立统一的辩证思维规律的开始。

（3）体育教学中不同年龄学生的意志特征

小学生的意志目的性和独立性差，盲目性、受暗示性和独断性较为明显；小学生的果断性表现随年级升高而不断发展，但不稳定；小学生的自制性品质逐步发展，抗内外诱因的能力逐渐增强；小学生的坚韧性品质迅速发展，但各阶段不平衡。

初中生的果断性有所提高，但表现出一定的摇摆性；自制性不强，仍需外界的督促；坚韧性逐渐增强，但不够稳定。

高中生的目的性明确，有自己的主见；果断性处于较高水平，但对局面的正确把握不够；自制能力显著提高，并表现出一定程度的冲动性；坚韧性达到一个新阶段，但易受外界影响的现象依然存在。

（4）体育活动过程中学生兴趣的特征

兴趣对人的认识和活动具有非常重要的意义。兴趣是在需要的基础上产生的力求认识、探究某种事物的心理倾向，由获得这方面的知识在情绪体验上得到满足而产生。兴趣受到环境的影响，一个温暖、和谐的家庭会使儿童"以人取向"，冷漠、孤僻家庭中的儿童会"以事取向"。研究表明，儿童有趋向某种兴趣的遗传倾向性，与父母的兴趣显著相关。在儿童时期，兴趣常成为支配心理活动和行动的主要心理倾向，到了青年时期，理想往往成为支配心理活动与行动的主要倾向。兴趣一般可分为直接兴趣和间接兴趣。直接兴趣是指人对事物或活动本身产生的兴趣，这往往是由于客观事物引人入胜而引起的。例如，有的学生喜欢上体育课只是因为体育教师的示范动作很漂亮。间接兴趣是指人对活动的结果产生的兴趣。例如，有的学生为了学好某个动作要领而聚精会神地听教师讲解时所表现出来的兴趣。年龄小的学生大多是对事物或活动本身产生兴趣，年龄大些的学生才对活动的结果产生兴趣。在活动中，这两种兴趣相辅相成，随着年龄的增长、身体的发育、素质的发展与运动能力的提高而不断发生变化。

第二章 体育教学思想的革新与发展

第一节 现代体育教学改革的教育思想

体育教学思想观念的创新能在很大程度上带动体育教学的发展，促使体育教学向着科学化、先进化的方向发展。通过对近现代国内外体育教育发展的研究表明，体育教学要想取得良好的发展，没有一个先进的、符合现代教学要求的体育教学思想是根本行不通的。多年来，我国体育教学工作研究者对体育教学的目标、任务、方法、手段等问题展开了深入而具体的研究，这在很大程度上推动了我国体育教学的发展。

一、近现代体育教育思想的形成

（一）自然主义体育教育思想

欧洲文艺复兴时期，自然主义体育教育思想诞生。这一教育思想的基本原则是体育教育应以"自然教育"为中心，按自然原则利用自然手段对儿童进行合乎自然的体育教育，要根据儿童的兴趣和需要来合理选择体育教育内容。另外本理论还认为要想使儿童成为一个全面发展的人，就必须将儿童置身于大自然，让儿童在大自然中获得进一步的发展。这一教育思想在历史上延续了数百年，影响力甚远。这一思想观念既有优点，又有缺点。具体表现如下所述。

1.自然主义体育教育思想的优点

第一，它充分肯定了体育在人的成长过程中的作用及意义，并提出了一套自然主义的体育方法，能促进人类自身良好的发展。

第二，它注意到了兴趣和需要（人的心理）在体育教育中的作用，在当时具有一定的先进性，在现代教育观念中也有着不可磨灭的作用。

2.自然主义体育教育思想的缺点

第一，它以"本能论"为立论基础，认为人的兴趣和需要也都是源于人的本能，具有一定的片面性。

第二，把体育混同为教育，突出强调了文化教育功能而忽视了增强体质这一体育的本质功能和主要目的。这种错误的认识导致体育教学中出现"放任自流"的现象，进而导致人们对体育的教育性和科学性产生怀疑和误解，不能科学地认识体育的本质。

（二）体质教育思想

体质教育思想的基本观点是体质教育的根本目的就是增强体质，促进健康，使学生的身体形态、机能和基本活动能力得到全面的发展。体育教育与强身健体之间是密不可分的，体育教育的真正意义就在于增强人的体质、完善人的身体，这也是体育区别于德育、智育和美育的地方。这一观点充分认识到了体育教育的特殊功能——增强体质、完善身体，对发展学生体质、增进学生健康起到了非常重要的作用。但在这种教育思想下，教学目标过于狭窄，教学模式过于单一和刻板，过分强调了体育教育的生物属性和身体发展性，而忽视了体育教育的教养性和教育性，这种做法是不可取的。

（三）折中主义体育教育思想

折中主义体育教育思想的基本观点是：在体育教育过程中，一方面要坚持"技术观"，另一方面要坚持"体质观"，是自然主义教育和体质教育的综合。这一教育思想认为体育教育要试图克服上述两种体育教育模式的不足而各取所长，但它也在一定程度上导致了体育教育思想的混乱，学生既要实现技术水平的提高，又要实现体质的增强，这是一个比较难以解决的问题。因此，寻求一种科学的教育思想观成为现代教育的需求。

二、新课程改革下的体育教育思想

随着课程改革的不断进行，体育教育思想也发生了很大程度的转变，一些落后的、难以适应时代发展和教学需要的旧思想被先进的教学思想所取代，极大地促进了体育教育的发展。

（一）新课程改革下体育教育思想的转变

新课程改革下，体育教育思想发生了很大的转变，这些转变突出表现在以下几方面。

1. 贯彻"健康第一"的指导思想

学校教育要树立"健康第一"的指导思想，切实加强体育教育工作。健康第一，不仅是学校教育的指导思想，同时也是体育教学改革的指导思想。合理的体育教学是以身体练习为主要手段，合理选择运动负荷，力求培养和提高学生的自尊、自信、意志、团队意识、合作精神、竞争能力、创新意识、人际交往等方面的能力，使其更好地适应于社会。现代先进的体育教育思想能把身体健康、心理健康与社会适应的目标与教学内容、方法及学习评价等较好地结合起来，从而形成良性互动。

2. 突出了学生学习中的主体地位

在体育教学中，学生是体育学习的主体。体育教育新课程标准强调要"以学生发展为中心，重视学生的主体地位"。主要表现在：比较重视自主学习、合作学习和探究学习等学习方式的运用，促使学生主动积极地参与学习和锻炼；重视组织教法的创建，激发学生体育学习的兴趣，使学生获得积极的情感体验；尊重学生的个体差异，注意因材施教，使每一个学生都学有所得；加强对学生的学法指导，重视学生自我评价与相互评价的运用，帮助学生学会学习。学生的主体地位得以确立，以学生为中心进行教学，才能促进学生全面的发展。

3. 注重创建良好的教学氛围与和谐的师生关系

新的体育教学思想注重运用情境教学、快乐教学、主题教学、体育游戏、激励性评价、师生互动、合作讨论等方法和手段来营造好的教学氛围，使学生能积极地投入到体育学习之中。和谐的师生关系是学生主动学习的前提之一，也是学生获得积极情感体验的重要因素。现代先进的体育教育思想，要求体育教师要关心学生，以身作则，发扬教学民主精神，倾听学生意见；学生尊敬教师，自觉维护课堂教学秩序，在课堂讨论中畅所欲言；师生之间、同学之间形成良好的教学气氛，从而促进教学水平的提高。

4. 关注学生的运动情感体验

在体育教学中，学生的情感体验非常重要，它是培养学生体育学习兴趣和终身体育意识的关键，同时也是学生积极主动学习的重要条件，是促进教学质量提高的重要因素。现代体育教学思想能根据学生心理活动的规律来组织教学，能满足学生的心理体验，提高学生的学习兴趣。

5. 重视课程资源的开发利用

新课程标准主要强调课程目标的统领作用，由体育教师根据学生的身心特点合理选择教学的内容与方法，这是符合体育教学实际的做法。在新的体育教育思想的指导下，有的体育教师还开发出一系列具有较强健身性与趣味性的教学内容，极大地提高了体育教学的质量。

6.科学的体育教学评价

在体育教学评价中，多元学习评价是新体育课程改革的一个亮点，这种教学评价突出的是学生的自我评价与相互评价。在评价内容上，既注意了知识技能、运动参与和学习态度的评价，又注意了合作精神与情感表现的评价，能在很大程度上提高学生学习的积极性，促进教学水平的提高。这一教学评价虽然取得了一定的成绩，但在实际运用中也存在着一些问题和不足，主要表现在以下几方面。

（1）学习目标存在问题。有的学习目标不够明确、具体，难以进行检查评价；有的学习目标没有体现区别对待、因材施教的原则；有的学习目标过多，不利于教学；有的学习目标的表述不够规范，制定得不合理。

（2）忽视运动技能教学。这主要表现在几方面：第一，偏重选用技术含量较低的教材；第二，教学中缺乏对学生的指导；第三，用于运动技能学习的时间偏少；第四，缺乏对教学质量的要求。

（3）自主学习、合作学习、探究学习是现代比较先进的教学模式，但是有些教师在具体运用时，只关心外在的形式，对其实际效果重视不够，导致教学效果欠佳。

（4）在课程资源开发利用上，对各种资源的整合重视不够，对已有资源的有效运用不够充分，有的课在资源利用上还存在一定的浪费现象。

（5）在学习评价方面，教师在运用激励性评价时，存在言过其实的现象，向学生传递了不真实的信息，致使学生的学习受到影响。新课程改革为体育教师的能动性提供了更大的空间，广大的体育教师应认清形势，牢固树立终身学习的意识，认真把握好新课程标准，不断探索新的教学方法、手段、模式等，不断提高自己的专业化水平，促进教学质量的提高。

（二）新课程改革下的先进体育教育思想

随着现代教育的不断发展，涌现出了众多先进的教育思想，这些思想对我国体育教育的发展产生了深刻的影响，其中影响力较大的有"终身体育"教育思想、人本主义教育思想等。下面主要阐述一下"终身体育"思想对我国体育教育的影响。

1."终身体育"教育思想的概念

终身体育是指在人的一生中都要进行身体锻炼和接受体育教育。具体来说，就是一个人从生命的开始到生命结束，都要适应环境与个人的需要，进行身体锻炼，以取得生存、生活、学习与工作的物质基础或条件。终身体育既是指人从生命开始至终结，在整个过程中都要参加体育锻炼，使体育成为日常生活中必不可少的内容；又是指以正确的体育观与方法论指导人生在不同时期、不同生活领域中参加体育活动的实践过程。终身体育本身是思想意识和行为倾向的有机结合，体育意识是终身体育的思想基础。体育意识的强烈程度直接影响人们终身体育思想的形成。终身体育强调个体生命整个过程中不同时期的体育，即体育健身贯穿于生命的全过程。经过一段时间的发展，逐渐确立了这一思想在体育教育中的地位，使其成为现代先进的体育教育思想。

一般来说，终身体育由相互联系、相互影响的学校体育、社区体育、家庭体育构成，共同作用于个人，并要求学校、家庭、社区均应开展体育活动，为人们提供参加体育活动的机会。终身体育贯穿于人的一生，对社会而言是全体国民的体育，二者的统一是终身体育追求的最高目标。

终身体育思想的形成是人类自身和社会发展的必然要求。在学校中开展体育教育，并向学生灌输终身体育的理念，对于大学生的成长及对社会的适应都具有重要的作用。

2.终身体育的特征

（1）体育锻炼时间的终身性。终身体育之所以是一种先进的教育思想，就在于它突破了传统的学校体育目标过分强调学习和掌握运动技能的观念，使学校体育教育获得了进一步发展和延续。传统的体育教学观念把人接受体育教育的时间仅仅局限于在校学习期间，体育锻炼的内容也局限于体育知识、运动技能的学习和掌握；而终身体育则要求根据个体生长发育、发展和衰退的规律和阶段特征进行科学的身体锻炼，体育锻炼要贯穿人的一生。

（2）体育锻炼群体的全民性。终身体育锻炼具有全民性的特点，这是指接受终身体育的所有人，在对象上有儿童、青少年、成人和老年人等；在范围上有学校体育、家庭体育、社会体育等。而终身体育为指导开展全民健身运动，其实质是群众体育普及的进一步发展，以实现广泛普及化。在现代社会，每一个人都要学会生存，而要学会生存则离不开体育。要生存就必须会学习、运动锻炼和保健，人们要想更好地生活，就要把体育与生活紧密联系在一起，在参与体育活动中终身受益。

（3）体育锻炼目的的实效性。终身体育的最终目的是维护和改善人的生活质量，增进健康，延年益寿。终身体育是以适应个人发展和社会发展为根本着眼点的。人们为了改善自己的生活质量，根据自身条件合理选择适合自己的体育方式，做到有的放矢，具有较强的针对性和实效性。总之，终身体育锻炼要有明确的目的，要能促进自身的全面发展和终身发展。

3. "终身体育"教育思想的意义

（1）提倡终身体育的思想满足现代化社会发展的需要。终身体育的一个重要目的就是增强体质，这也是我国社会主义体育事业最本质的特点。社会劳动力都是由不同年龄段的人组成，都面临着如何保持身体健康和适应社会工作的问题。提高劳动生产率，除了靠科学技术水平的提高外，关键还是需要掌握科学技术的人创造物质产品，来满足人类生存发展的需要。要适应现代社会发展的需要，要保持身体经常处于最佳状态，就必须在人生的不同阶段选择不同的身体锻炼形式与内容。无论是何年龄段、何种职业，都面临着对它的选择，以保证自己身体更加健康、精力更加充沛，适应社会的发展变化及未来生活的需要，而这种伴随人生一起发展的体育，就是终身体育。随着社会现代化程度的不断提高，现代人把经常从事身体锻炼作为生活方式的一个重要内容与标志，这是人类文明发展的必然。全民族都能做到天天坚持身体锻炼，并养成自觉锻炼的习惯，反映了一个国家的文明程度，展示了现代人的生活方式，从而促进了社会的发展和进步。

（2）迎合终身教育思想，促进学校体育改革。终身体育不是只追求某一特定的运动技能和运动的熟练程度，而是学会能分析自身锻炼和运动实践的综合能力，注重培养学生对体育的爱好、兴趣，养成锻炼的习惯，注重学生掌握系统的体育基本理论知识和科学的身体锻炼方法以及检查评定方法，形成终身体育的意识、思想和能力、习惯，对学生自觉、自愿参加和组织体育活动的能力提出更高的要求。终身体育思想的提出促进了体育教学改革的进程，成为体育教学中重要的指导思想。

（3）满足体育生活化的要求。大众体育发展的动力是体育生活化，生活化的体育是进入小康社会的必然产物。在现代社会，人们生活的价值容量在不断地扩大，生活与体育之间的联系越来越密切，人们在每个阶段参与体育锻炼，能增强自己的体育意识，提高对体育锻炼的认识并形成自觉自愿锻炼的风气，这已经成为社会发展的必然。社会成员终身体育意识的形成，对推动群众体育的开展，提高群众体育活动的兴趣，促进文化交流都具有重要的意义和作用。终身体育注重人的个体性，并且着眼于人一生的不同年龄阶段、不同的生活环境、不同的职业特点来选择不同的内容和方法，采用不同的形式进行身体锻炼，可以终身受益。虽然我国的大众体育获得了一定程度的发展，但受场地、器材、经费和组织等因素的影响，我国每年开展群众体育活动的次数是非常有限的，其时效性也不高。因此，大力倡导终身体育的观念，增强体质是实现体育生活化社会发展的要求。

社会对体育的需求是体育发展的动力，经济的不断发展又促使社会对体育的发展提出要求，同时，社会经济的发展也为体育事业的发展提供了经济投资的可能。终身体育就是在经济发展的条件下，不断向社会提供体育劳务这种特殊的体育消费品，人们通过体育锻炼能达到强身健体、丰富业余文化生活、提高体能和心理素质的目的，从而促使人们更好地投入到经济建设中，从而促进社会经济的发展。

第二节　体育教学思想的整合和引领

纵观我国体育发展史，我国体育教学思想受外国教育思想的影响较大，如捷克夸美纽斯"大教学论"教育理论、英国洛克"绅士教育"、法国卢梭"自然教育"、瑞士裴斯泰洛齐"和谐发展课程"、英国斯宾塞"科学教育"、美国杜威"儿童中心思想"等，进入 21 世纪以来，瑞士皮亚杰"建构主义"、美国加德纳"多元智能理论"、法国米歇尔·福柯和雅克·德里达"后现代主义"等，都对我国的体育教学思想产生了重要的影响。在我国，康有为、蔡元培、梁启超、严复等学者的教育思想也占有一定的地位。由此可见，我国的体育教学思想呈现出"百花齐放、百家争鸣"的局面，因此，对我国体育教学思想的整理就显得尤为必要了。

一、体育教育思想整合对我国体育教学的影响

通过对我国体育教学发展的研究发现，中国体育教学发展史是移植、吸收、内化国外教育理论，并不断进行中外文化交融，实现中国体育教学学科现代化、科学化的历史。对国外教育思想的整合与研究，不仅可以帮助我们更好地了解国外先进的体育教学思想，同时也能帮助我们更深刻地了解中国体育教学现代化演进的脉络和发展现状，从而为我国体育教学的发展奠定了坚实的基础。

国外体育教育理论与思想的引入，对我国体育教学的发展产生了积极的影响和作用，但也存在着一定的局限性。因此，我们在探索与研究中国体育教学思想的发展过程中，要采取辩证的眼光看待国外教育理论与思想的引入，既不能全盘否定，又不能照搬照抄，而应取其精华去其糟粕，对其进行扬弃式的吸收，这样才能更好地促进我国体育教学的发展。

二、加强国外与我国体育教学思想之间的融合

比较与融合中外不同的体育教学思想，指出二者之间的差异性非常有必要。通过对比，我们既要吸收外国体育教学思想中优秀的部分，又要摒弃其糟粕；既要总结我国体育教学优秀的思想，又要放弃不合时代的内容。同时还要比较中外文化背景的差异性，比较中外体育教学思想的共性与差异性，从共性中寻找结合点，从差异性中寻觅不同的功能，把中外体育教学思想有效地整合起来，从而促进我国体育教学的发展。

三、深入研究体育教学中存在的各种矛盾

在体育教学中存在着各种矛盾，如何采取恰当的方法处理这些矛盾是保证教学工作顺利开展的关键。在体育教学中存在的主要矛盾有传授知识（运动技术）与掌握技能之间的矛盾、学生身心发展的矛盾。

首先，在体育教学中存在着传授知识（运动技术）与掌握技能之间的矛盾。一般来说，运动技能的形成具有自己特定的规律，但是需要传授的运动技术（教材）却很多。因此，在教学实践中存在着大量的低水平重复或者是学而不会的现象，究其原因是在教学设计过程中没有遵循运动技能形成的规律、教材选用得不合理、教学方法不恰当、考评标准不合理等，导致的结果是学了体育十余年，真正掌握的运动技能却"百无一会"。那些掌握情况很好的运动技能并不是在体育课上学会的，而是在课外凭借学生自己的兴趣摸索与锻炼学会的。因此，正确处理掌握知识与运动技能之间的关系，需要转变旧有的思想观念，将这一理念贯彻在实际教学中。

其次，在体育教学中还存在着身心发展的矛盾。身心发展观是坚持一元论还是二元论，是一个哲学问题。我们在体育教学理论与实践研究中，往往会有所偏颇，体质论学派长期坚持身体发展论，认为体育教学的重点应该是发展学生的体质。目前有的学者又大力提倡体育教学发展学生的心理与社会适应能力方面的功能，把心理发展推到体育教学功能的前台，这些都是不合理的。对于体育教学而言，身心发展是一元的。学生的身体与心理都需要借助运动技术传习这个手段实现和谐发展的目标。我们只有秉持这个思想与理念，体育教学理论与实践研究才不会走偏。

第三节　现代体育教学的发展分析

一、现代体育教学发展背景分析

（一）社会经济的发展

体育的改革与发展要依托于社会的进步和经济的发展，因此，社会经济的发展对体育及体育教学的发展具有重要影响作用，社会和经济的不断进步是现代体育及体育教学发展的重要现实背景。具体表现在以下几方面。

1. 经济的发展促进体育设施建设

目前，我国对教学设施的投入力度不断地加大，学校体育教学的物质环境得到了极大的完善，这对学校体育教学的发展具有重要的促进作用。

2. 社会压力的不断加大

当前社会生活节奏快，竞争激烈，人们面对越来越大的心理压力。以大学生为例，他们面临着课业负担、就业压力以及人际交往等各种问题，许多大学生有着不同程度的心理问题（如性情孤僻、压抑、情绪失常等），而参加体育运动往往能够有效缓解个体的精神压力，对于大学生来说，加强体育教学具有重要意义。

（二）教育事业的发展

体育的发展与改革是整个教育体系发展改革的重要部分，因此，教育事业的不断发展是体育发展的重要背景之一。教育事业是我国各项事业当中重要的一项，对国家的综合国力和未来前景具有重要的影响。随着人们对教育事业认识的加深，国家也采取了一系列措施来加强教育事业的发展。例如，中共中央国务院 1993 年 2 月发布的《中国教育改革和发展纲要》指出，要进一步转变教育思想，对教学内容和教学方法进行改进，克服教育过程中不同程度存在的脱离经济建设和社会发展需要的现象。再如，2019 年 6 月颁布的《中共中央国务院关于深化教育改革全面推进素质教育的决定》又强调了健康体魄是青少年为祖国和人民服务的基本前提，是我们中华民族旺盛生命力的体现。因此，当前，体育作为素质教育改革中占据着非常重要地位的方面，在政府的指导、国家的支持、社会多方面关注下，体育教学工作无论是在教学观念上，还是在教学形式、教学内容上都取得了新的突破，为体育教学的发展提供了十分有利的条件。

（三）体育事业的发展

当前我国体育事业的良好发展态势在全国各地都营造出良好的体育气氛，对带动体育的持续发展有重要推动作用。一方面，我国运动员在体育赛事中的辉煌成就更加促进了人民群众对体育事业的兴趣；另一方面，体育产业的蓬勃发展对于体育人才也有着更加强烈的需求，这些都促使学校体育进行更为深入的改革。

二、现代体育教学发展对策分析

在全面推进的教育改革中，教育指导思想是改革的先导，作为课程体系重要组成部分的教学内容是改革的核心和切入点。教学改革只有进入了课程改革的阶段，改革才算进入了实质性的阶段。

（一）以终身体育为体育教学发展指导思想

终身体育是指将体育纳入自己的生活，并伴随人的一生。终身体育思想的树立和形成能有效促进我国体育教学的发展。

树立终身体育观念是体育教学目标改革的指导思想，也是体育教学发展的落脚点。终身体育能否实现，很大程度上取决于这种观念是否树立和能力是否形成。当下，树立终身体育的观念要求教师正确引导学生科学认识和理解体育的价值，端正学习体育的态度，积极学会体育锻炼的技能，掌握体育锻炼效果评价的方法，形成终身体育能力，为终身体育锻炼奠定基础。

（二）以课程目标调整为体育教学发展重点

把增强学生体质、提高学生的健康水平作为体育教学的首要目标，这是由体育的本质属性所决定的。调整体育教学课程目标首先要注重学生的个性发展。体育教师应尊重学生在体育教学中的主体地位，将学生的个体发展作为促进当前体育教学发展的重要切入点，培养学生的竞争意识和创造能力，发展学生健康的个性。其次，重视体育知识、技能和方法的掌握。体育知识、技能和方法是构成学生体育素养的基本要素，因此具有积极的体育动机和良好的体育素养能为今后学生从事体育锻炼打下良好基础。

（三）以丰富教学内容为体育教学发展途径

丰富体育教学内容、实现体育教学内容的不断创新是促进体育教学发展的重要途径。要求体育教师在教学中应重视以下几点。

（1）突出体育教学内容的科学性和逻辑性。在体育教学课程设计的不同阶段，体育教学内容应符合教育的内在规律和学生的身心发育特点与学生的身心发展规律相符。

（2）重视体育教学内容的多样性和趣味性。一方面，多样性的体育教学能够为学生提供较充分的选择余地，而不是每个学生都必须学习很多统一的内容；另一方面，增加体育教学内容的趣味性有助于提高学生的学习积极性和主动性，引导学生认识体育教学内容学习及体育锻炼的价值。

（3）提高体育教学内容的通用性和民族性。首先，通用性是指教学内容具有统一的规范，适用于各种类型的学生，这是现代体育教学内容的主体。其次，体育教学内容的民族性是指教学内容中应吸收那些学生喜闻乐见、兴趣浓厚、具有明显地方色彩的民族或乡土体育运动项目。

（四）建立综合性教学体系

学生是体育教学的主体，因此体育教学要围绕促进学生的全面发展建立起综合性的体育教学体系。具体来说，综合性体育教学体系的建立必须以满足学生个体发展的需要和社会需要为前提。实际上学生的个体需要和社会需要是辩证统一的。社会需要从某种意义上来说就是所有个体发展的需要。而从体育的角度来说，应通过体育教学促进学生个体身体素质的全面发展和良好心理健康状态、个性心理特征的形成，使学生发展成一个融知识、品格、能力为一体的综合性人才。

第三章　体育教学内容

第一节　体育教学内容的基本理论

一、体育教学内容的基本理论

体育教学内容是实现体育教学目标的重要手段，因此它在体育教学中扮演着无可替代的角色，没有内容任何教学都是空谈。所以，体育教学内容的革新与发展在体育教学改革当中起着举足轻重的作用。本章将从教学内容的基本理论、层次与分类、编排与选择以及发展研究等方面对教学内容的革新与发展进行深入的探讨研究。

（一）体育教学内容的基本理论

体育教学内容与体育教学当中的其他要素一样，都需要一套坚实的理论来支撑，本节将从体育教学内容的起源、概念、特点等方面对教学内容的基本理论进行详细的阐述。

各国体育教学当中以上内容的比例以及受重视的程度不同，但大多是囊括其中的。除此之外，诸如游泳、登山、野营、滑冰、滑雪等户外运动也非常受欢迎。从上述对主要体育教学内容的由来与发展的简述中，我们可以看出体育教学内容的起源不同，所以有着以下几项特点。

（1）体育教学内容发展于多种文化形态，诸如军事、生产劳动和市民生活，因此，体育教学内容因起源不同而带有不同的特点，其价值的判断也必然受到对原始形态认识的影响。

（2）体育教学内容非常庞杂，内容之多远超过其他学科，新的内容还会陆续出现。

（3）体育教学内容之间没有什么相互联系和清晰的逻辑，基本上是一种平行的关系。

（4）同一内容在不同的时代，被赋予的教育任务有较大的差异。这些特点对于理解体育教学内容的特性和进行体育教学内容的筛选和教材处理都是很重要的。

（二）体育教学内容的概念和含义

1. 体育教学内容的概念

体育教学内容，就是以达到体育教学目标为目的而进行的体育知识和技能体系等方面的选择和运用。

体育教学内容在体育教学实践中作为教师教与学生学的实践材料而存在，它的选择，是教育者根据教育的一系列要求，通过对前人体育和教育实践经验进行综合的总结，按照教育原则，进而从丰富的体育技能理论当中精挑细选而来的。教学内容在教师与学生中间扮演着中介和媒体的角色，决定着教师和学生之间的信息交流。体育教学内容对于体育教学方法和教学手段是起到制约作用的，同时也决定着体育教学的效果和目标实现的程度。

2. 体育教学内容的含义

体育教学内容具有以下两方面的含义。

（1）体育教学内容有别于一般的教学内容

第一，体育教学内容是在依据体育教学的目标选择的基础上，根据学生身心发展的规律以及需要，在教学条件的允许下精心挑选和加工而来的体育内容。

第二，体育教学内容是以大肌肉群的活动状态进行的体育教育内容，主要形式有运动技术学习和教学比赛以及理论讲授等。

第三，体育教学内容的传授依赖于某种特定的体育教学条件。

（2）体育教学内容往往区别于竞技运动的内容

第一，体育教学内容存在的目的是进行教育，而竞技体育运动的目的则是娱乐和竞技，并不是进行教育。

第二，体育教学内容在成形之前必须根据教育目标的需要而进行一定程度的改造和编排，而竞技运动内容则可以理解为更加单纯的体育。

体育教学内容从形式上来说，跟其他学科的教育内容相比是有很大的区别的，体育教学的内容虽然从来源上讲是娱乐和竞技等方面，却与其本身在体系上有非常多的不同之处。这些特点使得体育教学内容拥有独特的特质，并且在教学内容中处于一种独特的地位，同时也说明体育教学内容从选择、加工以至于教学当中，相比于其他教学内容更加复杂。

3.体育教学内容的意义

体育教学内容最大的意义就是能最大程度上帮助体育目标实现，在教学活动中，体育教学内容是重要的要素，而要实现教学的目标，体育教学内容也是不可或缺的条件，体育教学内容当中的每一个步骤都使得体育教学目标更加接近于实现。

在体育教师进行教学的过程中，体育教学目标是其执行教学方案的直接依据，因此体育教师对这方面内容的掌握和了解必须深入，只有做到这点，体育教师的工作才是合格的。同时随着社会的发展，体育教学的要求不断地提高，体育教学内容决不能一成不变，受限于特定时期内人的认知能力是有限的，所以随着时代的发展，体育教师对于体育教学内容的钻研学习必须是持续的。体育教师不断钻研学习教学内容的过程就是教师自身提高的过程。

体育教学内容必须要在对学生的身心发展特点和已有体育水平进行研究的基础上才能进行选择和确定，所以从身心发展方面，体育教学内容应该起到进一步的积极促进作用。需要指出的是，这种积极作用要想从理论转变为实践，那么必须由体育教师进行细心的指导，这样教学内容才能发挥最大的作用。这就要求体育教师能够循循善诱，将制定编选的教学内容非常完美地转化成学生发展所需要的内容，使其真正感知到这是必需的，这样教师的教和学生的学才能真正融会到一起，促成师生双方的共同进步。

综上所述，体育教学内容科学合理的选定非常有益于学生体育课程的学习，同时强身健体，在体育方面养成良好的习惯，使学生德才兼备，并且不失个性。

三、体育教学内容的特点

（一）运动实践性

体育教学内容摄取的特点及其主要构成是体育运动项目以及相关的身体练习，所以其实质上是身体运动的一种实践，而其他教学内容都不具有这种特质。体育教学内容是以有关身体运动的学习和身体运动的技能形成为主要培养目标的内容；是以运动为媒介，以大肌肉群的活动状态进行教育的内容。体育教学内容的学习并不单单是学生大脑思维的活动，学生不光要对内容进行理解，并且要在实际上来进行运动学习以及身体练习，在这一过程中，要通过运动中的肌肉本体感觉的形成与动作的记忆，来判断学生是否真正掌握了教学内容，因此在体育教学内容中，学生的学习是要将思维和行为联系起来的。所以体育教学内容的学习尤为强调练和做等实践行为。

（二）健身性

从广义上来说，体育的功能就是增强体能、增进健康。体育教学内容的学习，实际是学生对一定的体育知识和技能学习并同时进行一定的身体练习的过程。学生进行身体练习的同时必然将会承受相当的运动负荷。体育教学的主要目的，就是通过对身体练习的运动负荷量以及强度进行合理的安排，通过一定的手段加以调控，从而使学生的体质得到增强，变得更加健康。体育教学内容对于学生有增强体质、增进健康的作用，在所有的教学内容中是不可取代的。

（三）娱乐性

体育教学内容的主要来源是体育运动项目，体育运动项目大多具有很强的运动性以及竞技性。同时体育运动项目也具有趣味性、娱乐性的特点，所以体育教学内容的学习方式往往是运动学习以及运动比赛，只有在这一过程中，体育教学内容才能真正地体现。这些运动之所以具备乐趣，就是源于运动学习和运动竞赛过程中存在的诸如竞争、合作、表现欲等一系列的心理过程，在这些心理过程中能够体会到很大程度的乐趣，学生对运动的新的体验和学习的成就感也会加强。除此之外，运动的环境、场地、比赛规则、比赛形式等的变化和加工方面也能够体现体育教学内容的娱乐性。学生在教师的领导下钻研体育教学内容时，不可缺少的动机之一就是对运动乐趣的追求，所以在追求运动乐趣的过程中，学生就会得到一些从别的教学内容当中无法习得的体验，从而在情感上获得深刻而丰富的陶冶，达到愉悦身心的目的。

（四）人际交往的开放性

体育教学内容的主要形式是集体活动，并在集体活动的基础上进行运动的学习和竞赛，运动的进行方式与其他教学内容不同，往往是进行时空的变换。因此，在体育教学中学生之间有着非常频繁的交往和交流，所以相比其他学科的教学内容，体育教学内容在人际交往方面具有更明显的开放性。体育教学内容正是由于人际交流的开放性，并以此为基础而体现出其对集体精神、竞争精神进行协同培养的独特功能，这样在体育教学内容的学习过程中，老师与学生之间、学生与学生之间的关系更加密切开放，在教学内容以小组为单位进行时，组内的分工也更加明确清晰。在体育教学内容的学习过程中，学生、老师在角色变化上相较其他学科更多，因此体育教学内容能够帮助学生在社会适应能力上更强。

（五）非逻辑性

体育教学内容相比于其他学科教学内容不同的地方体现在，体育教学内容往往不存在一般学科教学内容之间清晰的由易到难、由简到繁的阶梯性结构，在逻辑结构上，没有明显的从基础到高级的体系，体育教学内容的排列并不是直线递进式的，而是复合螺旋式的。体育教学内容的组成是众多的相互平行的、可以替代的运动项目以及身体练习，其中有着丰富的体育与健康的理论知识。这种特性使得体育教学内容在选择时灵活性更强。

第二节　我国体育教学内容的划分和编排

一、我国体育教学内容的划分

在进行体育教学内容分类和整理问题方面，多年来，体育教学大纲的制定者在尝试了许多分类方法后，仍然没有完全解决这个问题。如人民教育出版社的王占春研究员在谈及体育教学内容分类时曾说："多年来，在编订大纲和教材时，都把如何优选体育教学内容、教材如何组合分类进行探讨和实验，但解决得并不十分理想，其中难点较大的是教材分类的问题。"[①]

正确的用语应该是"划分"，并不是"分类"。对于划分的依据，我国一些学者提出了不同的观点，主要有：（1）以人体基本活动能力分类；（2）以身体素质分类；（3）以教学目的的分类；（4）以运动项目分类；（5）综合交叉分类。但很多学者对于以上各类方法提出了不同的意见，认为都有不同的漏洞，如"以人体基本活动能力分类"的漏洞是：只从技能看待教材不符合中小学教学特点和目标要求，忽视运动项目的客观存在，实用性差；"以运动项目分类"的漏洞是：会导致只追求比赛技术而影响学生锻炼，会将体育目标、手段、方法狭隘化，会形成"主要技术"和"辅助技术"之分；"以身体素质分类"的漏洞是：只从身体素质着眼会使目标单一化，有些项目不能以身体素质来量化，会导致单纯追求身体素质的发展，而体能目标是综合的。

要分析与批评每一种划分方法比较容易，但要构建一个比较客观相对科学的划分

① 王占春.体育与健康课程标准教材的实验与教学研究[J].课程. 教材. 教法，2002(3):7.DOI:CNKI:SUN:KJJF.0.2002-03-001.

则是非常困难的，我国体育教学大纲中较为常见的划分是"以身体素质进行分类"和"以运动项目进行分类"，但又有学者提出了这种"交叉综合分类"（"提升身体素质练习"和"各项运动教学内容"放在一起），首先违反了"同一划分的根据必须同一，即在同一次划分中必须以同一标准为依据"的原则，而且此分类划分后的子项不是互相排斥的，而是相互包容的。

二、我国体育教学内容的编排

体育教学内容的编排方式一般有："直线式排列""螺旋式排列"以及两者混合而成的"混合型排列"。关于"直线式排列"和"螺旋式排列"所适用的教学内容，历次体育教学大纲只是提到了那些"锻炼身体作用大的教材"适合于"螺旋式排列"。而关于什么体育教学内容适合于"直线式排列"却没有言及。

关于体育教学内容编排的理论还存在着一定的问题：（1）并非"锻炼身体作用大的教材"才适合于"螺旋式排列"。因为一些有难度、有深度，要求学生熟练掌握运动技能的教学内容更需要"螺旋式排列"。（2）没有阐明哪些运动实践教学内容适用于"直线式排列"。历次体育教学大纲均未说明这个问题，仅是举例说体育卫生知识可采用直线排列。因此，哪些运动实践教学内容适用于"直线式排列"成为传统体育教学内容排列理论的"盲点"。（3）没有明确说明"直线式排列"和"螺旋式排列"单元的区别。比如每学期3课时"螺旋式排列"、一次3课时"直线式排列"和一次30课时"直线式排列"对教学计划安排和教学效果的作用是不一样的。如果没有区别，那么以往理论所说的"螺旋式排列"和"直线式排列"到底有什么不同？如果说不可能有这样统一的规定，那么什么内容适合30课时"螺旋式排列"，什么内容适合3课时"直线式排列"，什么内容适合30课时"直线式排列"等就必须予以说明。

教育科学出版社《体育与健康》教材提出了教学内容新的排列理论：体育教学内容排列中的"循环周期"现象。所谓教材排列的循环，是指同一教学内容在不同学段、学年等范围内的重复安排。这种循环有以课为周期的循环、以单元和学期为周期的循环、以学年为周期的循环、以学段为周期的循环等。举例来说，上节课上100米跑，下节课还上100米跑就是以课为周期的循环；在上学期安排100米跑，在下学期还安排100米跑就是以单元和学期为周期的循环；在中学一年级安排100米跑，在中学二年级还安排100米跑就是以学年为周期的循环；在中学一年级安排100米跑，在高中一年级还安排100米跑就是以学段为周期的循环，等等。根据以上理论，毛振明从不同的内容性质对体育教学内容进行了四个层面的排列：（1）"精学类"教学内容（充实螺旋式）；（2）"粗学类"教学内容（充实直线式）；（3）"介绍类"教学内容（单薄直线式）；（4）"锻炼类"教学内容（单薄螺旋式）。

以上编排方式较好地落实了新课程标准对体育教学提出的新要求，并根据体育教学内容分层及排列理论，结合当前体育教学内容和教学时间的现状，有创新性地将学的、练的、介绍的、体验的内容合理编排在体育教学中，因此，我们认为它是新课程改革以来并在较长时间内值得推广的编排方式。

三、高校体育教学内容和手段现代化

高校体育教学内容和手段的现代化革新发展，体现了现代化体育课内容符合现代体育教育的需求，其教学内容具有实用性和灵活性的特点，能够保障体育教学的任务和目的顺利完成。体育教学内容现代化发展包括课程内容和教材取向现代化发展方向，其中蕴含的科学性理论内容能够帮助新时代学生完成学习任务，使体育课程内容更具时代发展的活力。高校体育教育现代化发展进程中课程内容革新有利于拓展教育信息，减少教育受到的空间和时间的限制，使体育课程内容更加具象化，最大限度调动学生学习感官，保障体育教学的实用成效。科学技术的发展使教育现代化发展进程加快，体育课程逐渐向全新的方向发展，教育现代化的手段不断增多，体育电脑教学和电视教学逐渐被采用。体育教学手段现代化发展还体现在教学资料和信息更加丰富，各种类型的体育赛事和资料被应用，现代化教学发展改变传统教学的束缚性，提高体育课程的教学实效，使学生更愿意投入更多精力在学习体育知识方面，从而保障体育课程在新时代背景下健康发展。

四、高校教学内容更新速度加快，增强学生学习体育的兴趣

教育现代化发展背景下进行课程革新能够实现教学信息资源共享，现代化技术的发展使教学信息更新速度加快，为高校体育课程发展提供机遇。现代化信息技术的应用为教师提供更多课程选择的机会，也为学生学习提供更多丰富的内容，使高校获取教学全新技术和全新内容的效率不断提升，提升高校教学把握时代发展的能力，促进体育教学整体性革新发展。教学内容更新速度加快使学生能够全面感受到体育课程内容的感染力，学生在富有现代化特征的教学内容下进行理论课程学习，能够帮助学生实现学习探究，提升学习体育理论内容的成效。体育课程现代化发展能利用网络的趣味性增强学生参与体育活动的兴趣，对教学实践活动的开展更加期待，长此以往，学

生对运动的需求使其能主动参与到体育运动中，提升体育课程内容的参与程度。另外，应用网络丰富资源进行教学革新能提升学生对于知识的理解能力，并在实践活动中对自身问题进行及时的判断，从而实现学生德智体美劳全面发展。

五、21世纪改革对体育教学内容的虚化

21世纪的体育教学改革实行了三级课程管理体制，这一体制彻底放弃了对体育教学内容的规定性，给予地方和学校极大的对体育教学内容的选择权利。而体育课程改革确立的"目标统领内容、内容为目标服务"的体育教学内容总体原则，则将体育教学内容的选择按照体育教学的领域目标设定为"运动参与、运动技能、身体健康、心理健康与社会适应"四方面的内容，彻底"开放"了体育教学内容，放开了体育教师对体育教学内容的选择。

第四章　现代学习观下的体育教学模式的革新与发展

第一节　体育教学模式的基本理论

一、体育教学模式的界定

有关体育教学模式的界定，是从 20 世纪 80 年代才开始进行专门探讨的。目前，体育教学模式的概念并未统一，其规范化程度还有待于进一步提高。在体育教学模式的研究中，许多学者对体育教学模式的定义都提出了自己的认识和观点，下面就列出几种比较具有代表性的。

（1）李杰凯认为，体育教学模式"是蕴含特定的教学思想，针对特定的教学目标在特定教学环境下实现其特定功能的有效教学活动与框架，是以简洁形式表达的体育教学思想理论和教学组织策略，是联系体育理论与体育教学实践的纽带"[①]。

（2）贺妍颖认为，体育教学模式是"体现某种教学思想或规律的体育活动的策略和方式，它包括相对稳定的教学群体和教材、相对独特的相应的教学方法体系"[②]。

（3）毛振明认为，体育教学模式是"按照一定的体育教学理想设计，具有相应结构和功能的体育教学理论或教学活动模型"[③]。

（4）樊临虎认为，"体育教学模式是指在一定的教学思想或理论指导下，设计和组织体育教学而在实践中建立起来的各种类型体育教学活动的范型，它以简化的形式稳定地表现出来"[④]。

① 李杰凯.论现代体育教学观及其教学模式——兼论构建大众体育教学观主导下的篮球运动教学模式 [J].沈阳体育学院学报，1995(3):6.

② 贺妍颖,张勇卫.例析不同学情与教学内容下的体育教学模式选择[J].中国学校体育,2015(3):2.

③ 毛振明，吴键，马铮.体育教学模式论 [J].体育科学，1998(6):4.DOI:10.3969/j.issn.1004-3985.2005.14.021.

④ 王永平，樊临虎.建构主义学习理论下的体育教学模式探讨[J].首都体育学院学报，2007,19(5):3.DOI:10.3969/j.issn.1009-783X.2007.05.030.

综上所述，体育教学模式有初步统一或认可度较高的概念，即"体育教学思想特定，用以完成体育教学单元目标而实施的稳定性较好的教学程序就是所谓的体育教学模式"。

二、体育教学模式的特点

（一）整体性

体育教学模式对体育教学的处理是从整体上进行的，具体来说，它不仅要明确规定教学活动中的教学主体（体育教师与学生）、教学客体（教学目标、教学内容等）等主要因素的地位与作用，而且还要对教学物质条件、组织形式、时空条件、师生互动关系或生生合作关系等影响体育教学活动并在教学活动中起重要作用的其他因素进行相应的说明。由此可以看出，这几乎把体育教学论体系中的基本内容都涵盖了，因此，人们也将体育教学模式称为"体育微型教学论"。体育教学模式的整体性特征要求人们在对体育教学模式做出正确的认识及运用时，一定要将体育教师的教学风格、学生的年龄特点、体育基础特点、课程内容特点等体育教学模式的主要要素整体全面地确定下来并熟练把握。除此之外，教学场地条件、环境条件、教学班级人数、气候特点等一些次要要素也要列入考虑的范围内，同时还要清楚地认识到它们之间的相互关系，对各环节的相互配合、相互衔接也要足够重视，从而使教学模式成为系统的教学程序。这种多部分、多要素、多环节的有机组合将体育教学整体性充分体现了出来，同时也对体育教学模式并非是多环节、多要素的简单堆积进行了说明，因此可以说体育教学模式是具有一定科学性的。

（二）优效性

一定的理论基础是建立体育教学模式的基础条件，但同时，体育教学模式的构建与完善离不开体育教学实践的不断修正与补充。因此，促进体育教学质量的提高，逐步改进体育教学过程，不断更新与完善体育教学的各个环节，避免教学资源的浪费与缺失，是完善体育教学模式的主要着眼点。从这一角度来说，体育教学模式充分体现出其显著的优效性特点。

（三）针对性

无论何种体育教学模式的建立都是针对体育教学实践过程中的某个具体问题或问题的某一方面而进行的，针对体育教学内容、体育教学对象、体育教学环境等不同要素所形成的体育教学模式是有很大区别的。从这一点来看，体育教学模式有其特定的教学目标和使用范围。比如，情境教学模式是针对小学生理解能力较差、体育基础不够，而以体育故事形式把各种简单的体育活动动作组合起来进行教学的，这种教学形式对于高年级的学生是不适合的；又如，快乐体育教学模式是与传统体育教学中的强制性教学相对立的，学生在强制性体育教学中是体验不到快乐的，所以设计了快乐体育教学模式，这种教学模式对于学练一些简单的体育活动动作是较为适合的，而对于体育复杂动作的教学则是不适合的。由此可以看出，普遍有效的全能模式或者最优的模式是不存在的。然而教学模式与目标往往是一对多或多对一的关系，而绝非一对一的关系。

（四）可操作性

可操作性主要包括两方面的内容。

一方面，体育教学模式易被教师模仿。究其原因，主要是由于教学模式不仅是教学理论的操作化，同时还是教学实践的概括化。体育教学活动在时间上的开展以及每一教学步骤的具体做法都需要教学模式提供相应的逻辑结构与思维，也就是通常所说的操作程序。这样，教师在教学中应该先做什么，再做什么，最后做什么，就非常有条理化，操作性较强。

另一方面，体育教学模式的操作程序处于基本稳定状态，究其原因，主要是因为体育教学活动的特殊性、复杂性以及影响体育教学的主要因素不能受到精确控制。

虽然体育教学模式具有较强的针对性，但在不同条件与环境下开展体育教学，其产生的体育教学模式也表现出一定的差异性，也会因不同的教学指导思想和理论而表现出一定的差异性。但是，一旦确立了体育教学模式，就可以代表一定的教学思想和理念，也就表明某一特定条件下的具体操作的稳定性和可模仿性，具有相同的理念和外在条件，便很容易被体育教师所模仿，这就是体育教学迷失的稳定性特点。需要注意的是，随着时代的变迁，指导思想与外在条件等发生质的变化，这就要求适当调整和变更体育教学模式，由此可以看出，体育教学模式的稳定性并不是绝对的，而是相对的。

（五）简洁概括性

体育教学模式并非是"复写"体育教学活动，而是在能将自己个性充分显示出来的基础上，将教学目标、教学方法、组织形式等省去，从理论高度简明系统地将模式自身反映出来，由此可以看出，它是对某一理论的浓缩，是对实践的精简，表现出一定的简洁性与概括性。一定的体育教学模式能够将特定的体育教学思想充分反映出来，而且也在一定程度上简化教学模式的各环节，通过教学程序的方式将其展现出来，因此，充分体现出了体育教学模式显著的简洁概括性特征。

三、体育教学模式的结构

体育教学模式的结构主要包括教学思想、教学目标、操作程序、实现条件以及评价方式等，具体内容如下。

（一）教学思想

伴随着体育课程的发展，体育教学指导思想必然也随之改变，因此各国体育学者对体育教学理论的研究也发生了深刻的转变，体育教学模式的研究正是在这种背景下兴起的。作为体育教学模式的灵魂，教学思想是建立体育教学模式所应具备的基本理论与思想基础。也就是说，要想建立体育教学模式，就需要有一定的理论知识对其进行指导，在不同理论指导下所建立起来的体育教学模式是有所差异的。

（二）教学目标

在体育教学过程中，建立体育教学模式的目的就是更好地实现体育教学目标。如果没有体育教学目标，也就没有体育教学模式存在的必要。"体育教学模式所能够达到的教学效果是体育教师对某项教学活动在学生身上将产生的效果所做出的预先估计。"体育教学目标是具体化了的体育教学主题的表现，体育教学模式要以教学目标为核心，教学目标能够制约体育教学模式的其他结构要素。

（三）操作程序

教学活动中的教学环节或步骤就是所谓的操作程序。在体育教学活动中，操作程序主要指的是在时间上展开的逻辑步骤以及各逻辑步骤的具体做法等。无论哪种体育教学模式，其操作程序都是独特的，是与其他教学模式不同的。操作程序并不是一成不变的，但它一定是基本的和相对稳定的。

（四）实现条件

程序的补充说明，并能够使体育教师选择合理的、正确的教学方法和策略。人力条件、物力条件和动力条件三方面是体育教学模式中实现条件的主要内容。具体就是体育教师与学生、体育教学内容与时空以及学校的基础设施等。

（五）评价方式

不同的体育教学模式所要完成的体育教学目标不相同，而且所采用的教学程序和条件也存在差异。因此，不同的体育教学模式也具有不同的评价标准和评价方式。每一种教学模式的评价标准和评价方法都是特定的，如果使用统一的标准进行评价，就会使评价不具备科学性，评价结果失去说服力。例如，与标准化评价相比，群体合作教学模式的评价标准是采用计算个人和小组合计总分的评价方式。

四、体育教学模式的功能

（一）简化功能

体育教学活动有着较为显著的特殊性和复杂性的特征，要想取得较为理想的效果，除了需要人们的思辨和文字的处理方式外，还需要其他一些简单明了的方式。图示就是这样一种方式，它能够将各系统之间的次序及其作用和相互关系较为清晰地表达出来，这样往往就能够使人们对事物有一个整体的印象。体育教学结构能够反映出各环节各要素的关系。除此之外，也能够将其组织结构和流程框架反映出来，这种结构的主要特点在于注重原则、原理，而且也较为重视行为技能的学习。因此，从客观的角度来说，体育教学模式有着非常重要的作用和意义，与现代体育教学任务是相符的，具体来说，主要表现在三方面：第一，对体育知识的学习和体育技术、体育技能的学习与掌握非常重视；第二，对学生的学习目标和教师的设计方案非常重视；第三，在充分反映教学理念的同时，对具体的操作策略也非常重视，由此可以看出，体育教学模式具有较强的可操作性，其结构和机制也较为完整。另外，体育教学模式比抽象的理论更具体、简化，不仅与教学实际更为接近，而且能够为体育教师提供基本操作框架，使教师明确具体的教学程序，因此较容易被教师理解、选用、操作与认可，受到教师的欢迎。

（二）预测功能

体育教学模式是以体育教学活动中的内在规律与逻辑关系为基础的，因此，它有利于准确地对体育教学进程和结果做出判断，即使不能准确判断，也能对体育教学进程和结果进行合理估计，甚至可以对教学结果假说进行建立。通常以某种教学模式内在与本质的规律及其现象为主要依据，来对该模式进行预测。例如，快乐体育教学模式，这种教学模式既要注重学生在学习过程中的学习体验，也要使学生对运动技能加以掌握，从而为学生的终身教育打下良好的基础。这种模式的预测功能主要体现为两方面，如果在教学过程中没有达到预期的教学目标，说明实际与预测存在一定的差距，需要进行合理、正确的调整；另一方面，如果在教学过程中达到了预期的教学目标，说明与事先的预测是相吻合的，证明理论与实践是相统一的。

（三）解释与启发功能

体育教学模式的功能和作用主要表现在通过简洁明了的方法来解释相当复杂的现象。比较常见的一种体育教学模式是发展体能教学模式，这一教学模式的建立给人以整体的框架，其中文字的解释让我们能够理解教学模式，具体来说，发展体能教学模式中所蕴含的理论知识主要在以下三方面得到体现。

首先，阶段性的体能目标实施与反馈控制理论。

其次，体育教学系统地、长期地发展体能的指导思想。

最后，非智力、非体力因素参与体育活动并促进技能教学的发展理论，具体来说，体能的发展是比较枯燥的，因此，如何激发发展体能为一项关键性因素，需要注意的是，这一关键因素是非智力、非体力的。

除此之外，对于整个教学活动来说，具体的某种教学模式的核心环节具有非常重要的作用和意义，其主要在教学目标的制定与教学过程实施的形成性评价中得到一定的体现。具体来说，主要包括以下几方面。

第一，预先进行体能测验，实施诊断性评价。

第二，以学生的身体条件与身体素质的侧重点为主要依据来对教学单元进行合理的安排。

第三，有针对性地对单元中诸体能目标进行练习，并力争达到目标。

第四，对学习效果进行总结，实施总结性评价。

第五，以评价结果为主要依据来使矫正措施得以实施。

（四）调节与反馈功能

马克思主义唯物观认为，实践是检验真理的唯一标准，因而体育教学模式是否科学也要通过实践的体育教学活动对其进行检验才能得知。体育教学模式是依据具体的教学指导思想、教学条件和教学环境来进行安排的。例如，在实际的运用过程中，如果某一种体育教学模式没有达到预先制定的教学目标，就需要具体分析教学模式操作过程中的各个环节与因素，并找出其中的利弊关系，深入地分析其原因并提出相关对策，以使体育教学活动更加科学、合理。

第二节　体育教学中典型的教学模式

由于体育教师各具特点，再加上学生的实际情况也有所不同，因此在体育教学过程中所采用的体育教学模式也是千差万别、各有侧重。下面主要分析几种常见体育教学模式的建立背景、指导思想以及存在的优缺点。

一、主动性体育教学模式

（一）建立背景

在现代教育中，学生是整个教学活动的主体，所以主动性体育教学模式能更好地引导学生通过思考、体验来进行交流和合作，从而进一步发展自身的社会技能、社会情感以及创造能力。在体育教学中，要想取得较为理想的教学效果，必须要有良好的课堂环境和氛围作为保证。因此，主动性体育教学模式在这样的环境和需求下应运而生。

（二）指导思想

主动性体育教学模式的指导思想主要包括以下几方面。

（1）培养学生的参与能力。只有使学生参与到教学活动中来，才有机会使学生的主动性得到进一步发展。

（2）培养学生的教学能力。引导学生站在教师的角度去思考问题，有利于提升学生的学习能力和主动性。

（3）培养学生的合作精神。要使学生认识到团队合作的重要性，培养学生的团结合作精神，同时还可创造出理解、尊重、宽容、信任、合作、民主的课堂氛围。

（4）培养学生的创新意识。要想发展就必须进行创新，教师应根据教学实际和学生的具体情况有针对性地培养学生的创新意识和创造能力。

（三）主要优缺点

1.优点

（1）体育教学中运用主体性体育教学模式能够实事求是地、有针对性地发展学生的主体意识。

（2）有利于提高和发展学生的学习主动性和自我学习能力。

2.缺点

主动性体育教学模式要求学生有一定的自觉性基础，并且要求学生具有自我设计教学计划、教学方法、教学手段、组织措施的能力，更要求学生的自学能力要强，否则，运用主动性体育教学模式就不会取得理想的效果。

二、小群体体育教学模式

（一）建立背景

这种小群体的学习形式来源于日本的"小集团学习"理论。小群体体育教学模式是指在体育教学中，将学生进行分组，并在教师的指导下，同组学生之间、小集团与小集团之间通过互动、互助、互争，增强学生学习的主动性，从而提高教学效率的一种教学模式。小集团学习法起初是在其他学科中产生的，到了20世纪50年代开始应用于体育教学中。这种模式在体育教学的运用中，除了取得较为理想的效果外，还进一步促进了体育教学的发展和完善。

（二）指导思想

小群体体育教学模式的主要指导思想是在遵循体育学习机体发展和发挥教育作用的规律的基础上，通过体育教学中的集体因素和学生间交流的社会性作用，促进学生交往，提高学生的社会性。此外，在运用这种模式的过程中，还要注意培养学生自主学习的能力，并要适应学生的个体差异表现。因此，小群体教学模式的指导思想具体体现在以下几方面。

（1）有针对性地培养学生的良好品质。

（2）强调集中注意力，并要求学生相互帮助、团结，以有效地提高组内的竞争力。

（3）通过指导学生相互帮助、合理竞争，提高学生的身心健康和社会适应能力。

（4）要在条件均等的情况下，使组与组之间的学生合理竞技，从而激发学生学习的兴趣，提高学习的效果。

（三）主要优缺点

1.优点

（1）小群体教学侧重于培养学生的团结性，有利于充分调动学生学习的积极性和竞争性，也有利于培养和提高学生的社会适应能力。

（2）通过小群体教学，既可以提高组内团队间的合作能力，又可以提高团队与其他团队之间的竞争能力，增强学生的竞争意识。

2.缺点

由于这种教学模式更注重培养学生的社会适应能力，这就可能会导致在教学中将大量的时间消耗在这一方面，从而使得学生对教学内容的学习时间相对减少。

三、选择式体育教学模式

（一）建立背景

在"健康第一"思想和新课程标准的影响下，为了更好地体现以学生为主体的教学观念，现代体育教学模式中出现了选项课。选项课的出现使学生在体育学习过程中可以依据自己的喜好和需要选择适当的项目学习。由于这种教学模式具有较高的可行性和良好的教学效果，近年来在多所学校中已普遍使用，并受到体育教育工作者的高度重视。

（二）指导思想

选择式体育教学模式可以使学生自主选择的优势得到充分体现，自主选择所要学习的内容、学习进度、学习参考资料、学习伙伴、学习难度等，这样才能使学生的兴趣得到提高，同时也可以充分调动学生学习的积极性和主动性，从而更好地培养学生的学习能力。

（三）主要优缺点

1.优点

（1）学生自主选择学习内容，这不仅是学生主体地位的充分体现，而且也有利于提高学生的学习兴趣。

（2）学生根据自身的兴趣和需求来选择学习内容，能够更好地培养学生的自觉性、学习热情、学习态度、情感体验、克服困难的意志力等，也能提高学生的责任感。

2.缺点

（1）根据目前相关教学实践来看，选择式体育教学模式虽然对有运动兴趣的学生有积极作用，但会使那些暂时还没有运动兴趣的学生在选择上出现盲目性，也就是说，这种教学模式在目前还不适用于全体学生。

（2）由于受到技术难度、趣味性、运动量以及考核评价等方面的影响，学习内容可能会导致学生功利性地选择运动项目，从而使得选择内容不均等，不利于教学活动的顺利进行。

四、发现式体育教学模式

（一）建立背景

发现式体育教学模式是指通过体育教师的指导，学生能够独立地研究和发现事实和问题，从而更加深刻地掌握相关原理和知识的一种教学模式。这种教学模式主要强调学生的直觉思维、内在的学习动机以及教学过程三方面。

（二）指导思想

发现式体育教学模式是教师通过适当地对学生进行引导，让他们运用主观思维进行积极的思考，独立地发现问题、解决问题的教学方式。因此，这种体育教学模式的指导思想就是在体育教学中，通过遵循学生的认知规律来考虑教学过程，体现以学生为主体、以学生为中心的思想。指导思想具体包括以下几方面。

（1）着重增强学生学习的积极性和趣味性。

（2）调动学生思维的主动性，开发学生的智力。

（3）在以学生为主体的前提下，对学生进行指导。

（4）在揭晓答案之前，让学生自己去探索问题的答案。

（5）设置问题情境，并使学生较为自然地进入教学情境之中，激发学生的学习热情与积极性。

（6）可以提高学生学习运动技能的效率，使学生更加深刻地领悟技能和知识，记忆更加牢靠。

（三）主要优缺点

1. 优点

（1）发现式体育教学模式能调动学生学习的热情和积极性，提高学生的学习效率。

（2）发现式体育教学模式有利于开发学生智力，提高学生智力水平。发现式体育教学模式非常重视学生的智力发展，通过在学习过程中设置情境，激发学生学习的好奇心，进而提高其智力水平。

2. 缺点

（1）发现式体育教学模式会在问题的提出、讨论、解决等环节占用大部分的教学时间，从而使得运动技能练习与巩固的时间相对减少，因此会对学生学习和掌握运动技能的效果产生影响。

（2）发现式体育教学模式还会受到不稳定因素的影响，所以从教学模式的评价来看，无法在短时间内与其他教学模式进行比较。

五、领会式体育教学模式

（一）建立背景

领会式体育教学模式是在 20 世纪 80 年代由英国学者提出的。在当时，这种教学模式主要运用于改造体育教学的教学过程结构，在应用过程中试图通过从整体开始学习或领会新教程，并且对以往只追求技能，忽略学生对整个运动项目的认知和对运动特点把握的缺陷进行改进和完善，以达到提高体育教学质量的目的。

（二）指导思想

领会式体育教学模式的指导思想主要包括以下几方面。

（1）这种教学模式强调先尝试，后学习。

（2）要在尝试的过程中了解学习运动技术的重要性，进而提高学生学习的主动性。

（3）强调先进行完整教学，然后再分解教学，在掌握各部分分解动作的基础上再完整尝试，从而比较学习前后的效果。

（4）竞赛是开展体育教学活动最主要的形式，这有利于提高学生学习的积极性和技能的实用性。

（三）主要优缺点

1. 优点

领会式体育教学模式通过先让学生初步进行体验，体会出学习正确动作的必要性，然后根据学生的实际情况，教师选择合理的教学方法，来促使学生产生强烈的学习动作的动机和需要，进而调动学生学习的积极性，提高学习效率。

2. 缺点

在尝试性比赛中，学生因对这项运动缺乏深刻的了解，很可能会使比赛无法顺利进行。在一些尝试性的比赛中，要想避免这种情况的发生，可以通过降低难度和要求，使学生慢慢进入活动的角色，从而保证常识性比赛的顺利进行。

第三节　体育教学模式的改革与发展

一、体育教学模式的改革

目前常见的体育教学模式是有限的，但随着体育教学改革的不断推进和创新，还会有更多的教学模式不断出现，并且在体育教学中得到应用，而关于未来体育教学模式的改革，其侧重点与趋势主要表现在以下几方面。

（一）重视学生的主体性

传统的教学模式对教师主导作用的重视程度比较高，将教学过程片面地归结于教师的教，而将学生的学忽视掉了，这就使得学生在过程中处于被动地位，对学生主观能动性和能力的培养产生了一定阻碍。

随着以学为中心的教学理论的发展，传统意义上的师生关系有了较大程度的变化，他们的地位和作用也有了一定的改变。"教师中心论"逐渐被"教师主导学生主体论"取代。在这种新的教学观的影响下，体育教学也要进行一定的改变。具体来说，主要改革趋势为：由教师中心教学向教师主导学生主体的教学模式的转变。教师主导学生主体的教学模式，对于学生创新能力、自学能力、探索能力的培养较为有利，在一定程度上调动起学生学习的能动性和积极性，除此之外，还需要强调的是，这与现代人才的培养理念是相符的，因此，可以将其作为体育教学模式的一个重要改革方向。

（二）注重学生能力的培养

现代社会科学技术发展迅猛，知识增长迅速，终身教育普及以及竞争压力不断加大，这些都对人们的能力有更高的要求，单一的知识积累已经不能满足当今社会的需求。因此在体育教学过程中，必须在教学模式上进行一定的改进，因为只有这样才能够更好地培养学生的运动能力、一般能力、创造能力、自学能力和社交能力。

另外，在普及九年义务教育初期，就已经开始强调要使学生全面发展德智体美劳，而且在越来越多的实践活动中，人们已经充分认识到了能力的重要性。在这样的条件下，从强调知识的传授逐渐转向重视能力的培养就成为体育教学模式改革的一个重要方向，这样能够使学生在参与实践活动的同时，对自己有更加全面的认识，从而不断挖掘和培养自身的各项能力。

（三）保留演绎型教学模式

教学模式形成的方法主要有由概括实践经验而成的归纳法和靠逻辑生成的演绎法两种。从一种思想或理论假设出发设计成的教学模式，就是所谓的演绎教学模式，其中，20 世纪 50 年代以后产生的教学模式大都属于这一类型。演绎教学模式是从理论假设开始的，形成于演绎，其对科学理论基础非常重视。演绎教学模式的这一特点不仅为人们自觉地利用科学理论指导提供了一定的可能，而且还为主动设计和建构一定的教学模式来达到预期目的奠定了一定的基础。由此可以看出，演绎型体育教学模式的发展是教学模式发展的一个重要趋势，是与教学理论的发展和研究方向相符的，因此改革中要注意保留演绎型的体育教学模式。

二、体育教学模式的发展

（一）理论研究的精细化

研究体育教学理论，其目的既是为了更好地指导体育教学实践，又能对体育教学实践起到总结的作用。如果没有理论研究，又或者缺乏体育实践，那么整个体育教学就会失去意义。因此，必须将体育教学的理论研究与实践研究相结合，来加强理论研究的力度与成效。

（1）与其他理论相同的是，体育教学模式的研究必将从一般教学模式的研究走向学科教学模式的研究，再到课堂教学模式的研究。

（2）对体育课堂教学模式的研究又趋向于精细化，包括学期教学模式、单元教学模式、课时教学模式。精细化是体育教学模式研究的必然趋势。

（二）教学目标的情意化

教学实践研究表明，智力因素和非智力因素对学生的学习活动起着非常重要的作用。现代体育教学模式的不断发展也逐渐对传统教学活动中过于强调智力因素，而忽视非智力因素的作用等状况进行了改善，并取得了良好的效果。现代体育教学模式的目标在使学生增长知识、培养学生能力的同时，更加注重将人格教育、品德教育、情感教育与知识教育结合在一起。随着人们对人本主义心理学越来越重视，学生的情感陶冶也开始备受关注，并将情感活动视为心理活动的基础，对学生独立性、情感性和独创性进行了更加全面的培养。例如，情境式体育教学模式和快乐式教学模式通过问题情境的创设，提高教学过程的新奇性与趣味性，使学生的学习兴趣得到有效的激发，从而产生一种强烈的学习动机，这种动机下学习和掌握体育知识带有很强的情意色彩。

（三）教学形式的综合化

体育教学形式的综合化是指体育教学模式向着课内和课外一体化的发展。由于受到时间的限制，课内的时间不能充分培养学生运动技能与锻炼身体的习惯。这就需要在教学中，安排充足的课外时间进行练习和巩固，而课内的主要任务就是学习新知识，并针对错误的动作加强改进。只有这样才能更加熟练地掌握运动技能，实现个体运动技能的自动化。但从目前情况来看，我国对课外体育活动的重视程度相比于体育课本身要弱很多，有的甚至处于放任自流的状态，这对体育教学效果有着非常严重的负面影响。

从体育教学模式发展的角度来看，由于目前对课外体育活动不够重视，使得有关这方面的研究也受到了很大的影响。"课内外一体化"教学模式虽然设计了课内与课外相结合的教学，但在实际的运用过程中还不够成熟，也没有形成明确的操作模式。因此，目前并没有将其列入现有的体育教学模式体系中。当这种模式的理论与实践发展成熟后，自然能够成为一种重要的体育教学模式。

（四）教学实践的现代化

随着现代教育和科技的快速发展，体育教育在教学手段方面也得到了很大程度的突破，各种教学实践活动呈现出较为明显的现代化特点，并逐渐实现了对传统体育教学方法的改革和创新。在现代体育教学活动中，先进技术产品和手段的运用也在很大程度上提高了体育教师的授课效率，同时也进一步增强了学生学习的兴趣，调动了他们主动学习的积极性。目前，现代体育教学模式已经开始与现代教学技术手段相融合。由此可以看出，在体育教学模式中引入和运用先进的技术手段是其发展的重要趋势。

（五）评价标准的多元化

体育教学模式不同，其评价的方式也会有所差异。随着现代教育改革的不断深入，体育教学模式也发生了较为明显的变化。单一的评价方式是很难对某一体育教学模式的科学性做出全面、客观的反映的。这就要求在评价时要采用全面的评价方式，所选择的评价指标也必须多元化。

传统的体育教学模式过于重视结果评价，而忽视了对学生学习和实践过程中的评价，这就使得学生的学习兴趣、爱好、情感反应等方面都很难得到全面的体现和反馈。而现代的体育教学模式逐渐摆脱了单一的终结评价方式，开始重视学生的学习过程评价、单元评价以及学生的自我评价等。就目前来说，我国体育教学模式呈现出多样化格局，目前以"三基"（基础知识、基本技术、基本技能）为主的传统体育教学模式在体育教学实践中仍占据较大的比例。这与传统体育教学模式的影响是分不开的，和人们对体育课程陈旧的认识是密切相关的。当时人们对体育课程的理解就是增强体质和发展身体。所以一切体育教学活动无不围绕着运动技术的传授、"三基"的掌握进行。随着时代的发展、教育理念的更新、体育课程功能的多元化，各种体育教学模式的实验也应运而生。从一些学者总结的目前比较成熟的几种体育教学模式（传授动作技能、提升身体素质、发展体育能力、发展学生个性等体育教学模式）来看，人们对体育课程有了新认识。可以说，体育教学模式改革与发展体现了体育课程观的发展，体现了人们对体育课程发展的追求。

第四节　新型体育教学模式的构建和运用

一、新型体育教学模式的构建

（一）构建原则

1.坚持教学目标、内容、形式、结构与功能的统一原则

从本质上讲，新型体育教学模式的建构是处理好体育教学活动中形式与内容、结构与功能的关键问题。所以，体育教师应该对各类体育教学课堂结构和形式的功能与作用进行全面分析，并以教学目标和条件为根据对教学模式做出比较合理的选择。

2.坚持统一性与多样性的统一原则

（1）体育教学模式构建的统一性是指在构建和创造体育教学模式时，要继承新中国成立以来我国体育教学思想和成功经验。

（2）新型体育教学模式构建的多样性是指在开发和构建体育教学模式时应尽量实现多样化，避免单一化与程序化的不足。

3.坚持借鉴与创新的统一原则

体育教学模式要坚持创新与借鉴的统一性。这里所说的借鉴，具体是指借鉴两方面的内容，一方面要借鉴国外的先进教学模式理论；另一方面是要借鉴国内的先进教学模式理论与成功教学经验。随着全球化趋势的加强，学校体育教学也必然受到教育全球化的影响，不对国外先进教学模式理论加以借鉴或借鉴之后缺乏创新都是故步自封的落后表现。因此要有机结合创新与借鉴，这样才能运用成功的经验，吸取失败的教训，不走或少走弯路。具体来说，统一借鉴与创新，就是要以正确的体育教学思想为指导，革新原有的落后的体育教学模式，借鉴前人和他人的成功经验和理论，结合教学中的客观实际，提高体育教学的效率。

（二）构建步骤

概括地讲，新型体育教学模式的构建步骤主要如下。

（1）明确指导思想。选择用什么教学思想作为构建模式的依据，使教学模式更突出主题思想，并具有理论基础。

（2）确定构建模式的目的。在明确指导思想的基础上，确立构建体育教学模式所

达到的目的。

（3）寻找典型经验。在完成第一步的基础上，通过调查研究，寻找恰当的典型经验或原型作为教学案例，案例要符合模式构建思想与目的。

（4）抓住基本特征。运用模式方法分析教学案例，对教学案例的基本特征与教学的基本过程进行概括。

（5）确定关键词语。确定表述这一体育教学模式的关键词。

（6）简要定性表述。对这一体育教学模式进行简要的定性表述。

（7）对照模式实施。对照这一体育教学模式具体实践教学，进行实践检验。

（8）总结评价反馈。通过体育教学实践验证，对实践检验的结果进行归纳总结，通过初步实践调整修正模式，并反复实践以不断完善。

二、新型体育教学模式运用的参考依据

新型体育教学模式的选择与运用主要把握以下几个参考依据。

（一）参考体育教材性质

体育教学以教材为基本工具，体育教师教学、学生学习都要借助教材这一基本教学工具。体育教材也是体育教师与学生共同完成体育教学目标的内容载体。通常把体育教材分为概括性教材与分析性教材两大类，这主要是以体育教材内容的性质为依据划分的，具体分析如下。

（1）概括性教材：这一类教材中没有较难学习的运动技术需要学生掌握，对概括性教材进行讲解的主要目的是使学生对体育项目有简单的了解，培养学生体育学习的兴趣，促进学生的身心健康。学生在学习该类教材时主要是注重体验乐趣、获取快乐，所以要选择运用快乐式教学模式、情境式教学模式以及成功式教学模式进行教学。

（2）分析性教材：这类教材中的运动技术具有一定的难度，对这类教材进行讲解的主要目的是提高学生的自主学习能力与创新能力，促进学生体育知识与技能的增长，学生在学习该类教材时注重培养学习兴趣与创造力，所以要选择运用主动性体育教学模式、发现式教学模式以及领会式体育教学模式等进行教学。

（二）参考体育教学目标

体育教学模式构建与运用的关键是教学目标，体育教学模式需要体育教学思想与目标为其提供活力、指明方向。体育教学思想与目标也是区分教学模式的一个标准。

体育教学目标在新课程改革之后有所变化，主要涵盖了四方面：①提高学生运动参与能力与积极性的目标；②促进学生身心健康的目标；③促进学生正确掌握运动技能的目标；④提高学生社会适应能力的目标。上述体育教学目标要求在体育教学中采用情境体育教学模式、探究体育教学模式以及成功式教学模式等进行教学。

（三）参考体育教学对象

体育教学活动离不开学生这一教学主体，在体育教学活动中，学生也是非常重要的一个组成部分，所以要针对不同学生的具体情况与特点来对教学模式进行运用。学生的学习阶段按年龄大致可以分为小学、中学、大学三个时期。不同学习时期，学生的身体与心理情况是有明显不同的，所以体育教学模式的运用要考虑到不同学习阶段的学生的具体情况，具体如下。

（1）学生在小学时期，其身心特点具有游戏性，因此适合这一时期的体育教学模式有快乐式教学模式与游戏体育教学模式。

（2）学生在中学时期，对不同种类的体育运动项目比较热衷，而且也具备了相应的思维与逻辑分析能力，因此适合这一时期的体育教学模式有小群体育教学模式及探究式体育教学模式。

（3）学生在大学时期，主要是接受专项体育运动教学训练，因此适合这一时期的体育教学模式有技能性体育教学模式，同时也要发挥体能性体育教学模式的辅助作用。

（四）参考体育教学条件

不同地区或学校的体育教学条件具有明显的复杂性与差异性。以城市和农村地区为例，两个地区的经济水平差距很大，因此体育教学场所、设施与器材也有差距。针对这一情况，体育教师要实事求是，从实际出发，选用恰当的体育教学模式来完成教学目标与任务。农村学校的教学水平与条件有限，因此不宜采用要求外部教学条件良好的小群体教学模式。

三、两种新型体育教学模式的构建与运用

（一）启发式体育教学模式的构建与运用

"启发式体育教学模式指的是在体育教学活动中，教师以体育教学目标，以教学规律以及学生的认知水平和年龄特点为主要依据，通过采取各种教学手段来引导学生独立思考、积极主动地获取知识、解决教学中出现的问题的过程。"教学中出现的问题、

提高体育教学的质量以及促进学生体育学习积极性的发展是体育教学模式的实质。

1. 启发式体育教学模式的构建

（1）对问题情境进行创设

体育教师在对问题情境进行创设时，要以体育教材的重点和学生的客观实际为依据。在创设问题情境的过程中，体育教师不仅仅要解决学生在学习中出现的问题，更要采取一定的方法与措施来引起学生的好奇心，使其主动提出疑惑，并积极思考解决疑惑，这样有利于学生学习热情的充分调动，有利于提高学生逻辑思考与客观分析及解决问题的能力。

（2）采用直观教学手段

体育教师在对学生进行启发的过程中，要尽量采用直观的教学方法手段，减少抽象概念的使用。直观手段具体是指多媒体、录像、图片等直观教具的使用，直观教学方法有利于学生学习兴趣的激发与提高，有利于学生以最为简单的方式清晰地掌握学习内容。

（3）采用多样化的练习手段

体育教师在引导学生进行练习的过程中，要以体育教学任务、目的和要求为主要依据，并要擅长采取一些有助于启发教学的练习方式作为辅助学习的手段。除此之外，体育教师还可以以教材内容为依据对多样化的练习手段加以运用，以此来促进学生学习兴趣的提高，同时也能够提高学生的学习效果。

2. 启发式教学模式在体育教学中运用的注意事项

（1）对教材重点与难点有所明确

体育教材重点是学生要掌握的关键内容，教材难点是学生不容易掌握的教材内容。教师运用启发式教学模式进行教学时要以教材重点为中心，通过口头叙述、动作示范等各种教学方式来引起学生对教材重点内容的思考。体育教师也可以针对重点动作做一些生动、逼真的模仿，这样学生也能比较容易地掌握教学内容。除此之外，教师也要把学生的身心特点、认知能力和学习基础重视起来，遵循因材施教的教学原则，使每个学生的学习效率都能得到保障。

（2）对多元评价体系进行科学构建

评价学生的学习过程或结果主要是为了总结学生的学习效果，对学生学习体育起到一种督促与激励的效果。合理的评价有利于提高学生学习的积极性和主动性。评价的实施步骤具体为：评价标准的确定——评价情境的创设——评价手段的选用——评价结果的利用。评价讲究合理，不要求过于死板地对标准答案有严格的限制，根据具体情况保留一定的评价空间。教师在对学生的学习技能做出评价的同时，也要引导学生进行自我评价或学生之间的互相评价。

（二）合作式体育教学模式的构建与运用

体育教学活动中，合作教学模式的运用有利于学生合作意识与能力的提高，有利于学生交往、实践及协调能力的增强，也有利于学生个性发展和终身体育意识的形成。

1.合作体育教学模式的构建

（1）构建程序

首先，要以体育教学大纲规定的教学时间与教学内容为主要依据，对上课时间进行合理的分配与安排。通常，在体育教学活动中，体育理论知识教学占总教学时间的25%；学生体育能力培养占总教学时间的30%；体育技战术教学占总教学时间的40%。

其次，体育课堂教学之前教师要做好课堂教学计划，即教案。制订教学计划时教师要加强与学生的合作，与学生一起探讨教学方法的选用。

（2）具体实施

①明确教学目标。体育教学过程的第一环节就是要明确并呈现教学目标，这一环节中，体育教师的口头讲解与动作示范要有机结合学生的观察体验与思考，加强师生之间的沟通与交流。

②对学生进行集体讲授。对学生进行集体授课时，体育教师要适当缩短授课时间，提高教学效率，从而留出更多的时间为下一环节（小组合作）做准备，教师要注意提高学生的学习积极性。

③加强小组合作学习。学生的学习主体性以及学生之间的沟通与交流是小组合作环节的重点，学生要在小组合作学习中积极发表自己的意见，提高自己的主动性、积极性以及创新性。

④实施阶段测验。体育教师在学生学习一个阶段后，对各个学习小组进行阶段测验，从而对学生在这一阶段的学习情况与效果有一个初步了解。

⑤积极反馈。在反馈阶段，体育教师要综合评价学生在这一学习阶段的具体表现。学生在小组合作学习中获取的知识比较零散、系统性很差，所以教师要正确引导学生归纳所学知识，使之成为一个系统的知识体系，便于学生掌握与记忆。小组测试也是反馈的一个重要手段，通过测试反映出学生学习的不足，从而有针对性地对其进行纠正与完善。

2. 合作教学模式在体育教学中运用的注意事项

（1）更新教学观念

合作教学模式在体育教学活动中的运用要求对传统的体育教学观念进行更新，对学生的重要性进行重新认识，重视学生的主体地位，引导学生充分发挥自身的主观能动性，尊重学生的人格。教师在教学中要加强与学生的合作交流，以学生的具体情况为依据进行教学。

（2）注重学生主体意识的培养

首先，体育教师在体育教学活动中要想方设法来激发学生的思维与学习热情，然后引导学生积极发现与探索新问题、新情况，在引导过程中，注重学生自主意识和独立能力的培养。

其次，教师要注重自身的引导作用，通过提问、质疑等手段，引导学生把注意力集中到课堂教学中。

最后，教师主导性的发挥要以实现体育教学目标为出发点，倘若没有从教学目标出发，就谈不上学生主体性的培养。

第五章　现代体育教学方法的
优化与发展

体育教学方法是实现体育教学目标、开展体育教学活动的主要途径和手段，教学方法的有效性关系着教学目标实现的程度，而教学方法的科学与创新性又对体育教学的质量具有决定作用。鉴于体育教学方法的重要作用，本章对体育教学方法的革新与发展进行了探讨，并分别研究了体育教学方法的基本理论、常见教学方法、教学方法的选择与运用以及体育教学方法的发展等问题。

第一节　体育教学方法的概念

一、体育教学方法的概念与含义

体育教学的方法即为实现体育教学目的而采用的手段、方式、措施和途径等的总和。具体而言，可将体育教学方法的概念定义为：在体育教学过程中，为了达到体育教学目标和实现体育教学目的而由师生所采用的可操作性的教学方式、途径和手段的总称。关于体育教学方法的含义，可以通过以下几方面来进行掌握。

（一）体育教学方法是教师"教"与学生"学"的统一

体育教学方法是教与学的统一，只有师生之间实现有效的双边互动，才能够更好地发挥体育教学方法的价值与作用。体育教学活动可以简单理解为"教师的教"和"学生的学"两个层次的内容，教师和学生是教学活动的主体。体育教学方法和手段都是针对学生来选择与运用的，教师和学生之间具有密切的关系，在师生的双边互动中，体育教学的任务和目的逐步实现。因此，教和学这两方面的内容贯穿于体育教学的始终。

（二）体育教学方法是师生动作和行为的总和

教学方法是在师生互动中得到贯彻与实施的，体育教学的方法也是师生之间行为动作总和的体系。体育教学的方法与其他科目教学方法的主要区别在于，体育教学方法在注重教学语言要素的同时，更加注重动作要素。体育教学过程中，各种动作的掌握和熟练都需要教师进行示范、讲解以及纠正，并在此基础上，学生重复进行练习，才能最终掌握相应的技术动作。因此，体育教学方法是教师和学生的动作和行为的总和。

（三）体育教学方法和教学目标不可分割

任何一种体育教学方法都具有一定的目标性，如果脱离了目标，那么体育教学的方法也就失去了其存在的意义。体育教学方法应与体育教学目的之间保持密切的联系，教学方法的实施应能促进体育教学目标和任务的实现。因此，体育教学方法作为体育教学的重要组成部分，服务于体育教学的目标和任务。体育教学方法和体育教学目标之间具有一定的不可分割性，如果将两者割裂开来，那么体育教学方法就没有明确的方向，会表现出一定的盲目性；而体育教学目标任务如果脱离了体育教学方法，则不能得到有效实现。

（四）体育教学方法的功能具有多样性

现代体育教学不仅注重学生动作和技术的掌握，以及各方面身体素质的增强，它更加注重学生的全面发展。因此，体育教学方法的功能也具有了多样性的特点，多功能的体育教学方法不仅能够在一定程度上促进学生运动能力的增强，而且能够促进学生思想道德品质、心理素质等方面的发展，对于学生的全面发展具有重要的促进作用。

二、体育教学方法的特点

（一）多种感官集体参与性

体育教学活动是感知、思维和练习三者的结合，因此，其教学活动也需要多种感官参与其中，这样才能够保证各项动作的顺利完成。体育教学活动的特殊性要求在体育教学过程中，所有参与者都需要动员身体的各种器官。具体而言，教师需要为学生进行相应的动作示范，并且对学生的动作进行必要的指导和纠正；学生则需要进行必要的准备活动，然后进行相应的动作练习。在学习过程中，参与者的眼睛、耳朵以及触觉和动觉等感受器官对运动的方向、用力的大小和动作的幅度等方面进行感知，学生通过自身和他人信息反馈控制身体完成正确的动作，形成正确的动作定式。

鉴于体育教学活动的上述特点，在进行体育教学活动时，教师应运用多种方法，有效调动学生的各种器官参与教学活动，以使得学生更好地掌握相应的活动。具体而言，在体育教学活动中，应引导学生进行认真学习，积极进行思考，注重动作技术的调节控制，并大量进行重复练习。对于学生而言，正确的体育教学方法能够更大限度地调动多个身体器官参与活动，从而帮助其掌握各种动作，实现学习目标。

（二）感知、思维和练习有机结合性

在体育教学过程中，学生的学习是一个复杂的认知过程，在这一过程中，学生需要动用思维、感知、记忆和想象并结合具体的身体练习最终实现动作的掌握。因此，体育教学方法也是感知、思维和练习相结合的过程，在结合的过程中，学生需要通过自身的信息接收器官将外界信息传送至大脑皮层，并运用大脑对各种信息进行整理、分析和加工，然后大脑指挥人体的各器官完成相应的动作；通过动作的不断重复，使得学生建立起相应的动力定型，实现动作的自动化，同时掌握相应的动作技术。在这个学习过程中，信息的感知是动作学习的基础，思维活动则是学习过程的核心，而练习是动作技术掌握的重要手段。

体育教学方法的实施过程是认识与实践、心理与身体相结合的过程，是感知、思维和练习三者的有机结合。

（三）实践操作性

体育教学方法与一般的教学方法相比，其最大特点是实践操作性。体育教学方法必须与体育教学实践紧密相连，当然有些方法是室内学科教学方法的借用，如直观教学法、讲解法等，但这些方法必须根据室外体育教学的特点、环境、学生的队列等情况加以调整，否则就不能适应体育教学。

体育教学的主要方式是身体运动，身体运动是学生对自身身体的运动感受，具有"此时此地"的特点，因此，在选择与安排教学方法时，一定要根据体育教学自身操作活动的实践特点进行，而不仅仅是停留在理论层面上。只有结合实践操作的体育教学方法，才能让学生在掌握动作技术概念的基础上，通过身体实践活动达到掌握运动

技能、促进心理发展的目的。同时，体育教学方法必须得到体育教学实践的检验，才能判断其教学方法是否有效。

（四）时空功效性

体育教学可以划分为不同的阶段，在不同的阶段有着鲜明的阶段特点，师生之间相互产生着一定的影响。在教学的开始阶段，教师处于主导地位，随着时间的推移，学生的主体地位逐渐增强。

在教学过程中，教学方法和途径发挥了重要的作用。在开始阶段，学生学习动机、兴趣、欲望等的激发，需要教师运用合理的方法，教师通过讲解、示范等方法来使学生理解和掌握相应的知识和技能；学生在学练过程中，通过一定的方法来感知、理解和掌握相关的知识。总之，在体育教学的不同阶段，体育教学方法都发挥着其应有的作用，这是体育教学方法的时空功效性特点。

（五）运动与休息合理交替性

在体育教学过程中，学生的大脑和身体通过一定的学习活动会产生相应的疲劳，造成学习效率的下降。尤其是高强度的身体运动对于学生的体能消耗较大，这时为了保证教学活动的正常进行，有必要安排相应的休息。

在学习活动中，学生通过一定的认知、理解和记忆后，就会有相应的脑力消耗；通过进行相应的身体练习，则会使得人体的能量消耗加剧，人体相应的器官出现一些疲劳症状，并且随着运动负荷的增加，其会对学习活动产生一定的消极影响。因此，体育教学方法注重运动与学习的结合，使学生的身体疲劳能够得到一定程度的恢复，保证其保持较高的学习效率。

需要注意的是，这里的休息并不一定是指暂停相应的活动，也可能是一种积极性的休息，通过开展相应的轻松的活动，来达到身心的放松，帮助学生消除疲劳症状。安排休息时，应注重积极性休息和消极性休息的结合，使得休息能够更好地达到预期的效果。

（六）继承发展性

体育教学的方法是在长期的体育教学实践过程中逐步发展起来的，经过多年的积累、发展和创新，逐渐形成了内容丰富的体育教学方法体系。很多教学方法具有鲜活的生命力，经过多年的发展依然在教学过程中发挥着巨大的作用。这些有效的教学方法值得人们对其进行总结、整理和借鉴。在教学实践过程中，在继承传统的经典教学方法的基础上，一些新的教学方法不断被提出，使得体育教学方法的体系不断完善。

需要指出的是，虽然体育教学的方法众多，但不应过于迷信现代化的教学方法，更不能对一些国外的教学方法进行刻板的模仿。教育工作者应在扬弃的基础上发展创新，在时代发展的大环境下，在体育教学具体实际的基础上，对教学方法进行开拓创新。

三、体育教学方法的分类

体育教学方法众多，对其进行分类整理，不管是对教学方法体系的发展完善，还是对教师科学选用体育教学方法，都具有极为重要的意义。但是，目前对于教学方法的分类缺乏统一的标准，因此众说纷纭。通常，体育教学的方法分为两个基本大类：教法类和学练法类，具体内容如下。

（一）教法类

1. 知识技能教法

教法类包括基本知识的教法和体育技能的教学方法。

（1）基本知识的教法

基本知识的教学包括体育保健类知识以及体育的相关理论等的教学。体育基本知识的教学方法同其他学科的教学方法类似，这类教学方法进行分类时也较为复杂，根据不同的分类依据可将其分为不同的类别。

在体育教学过程中，教师在选择相应的体育教学方法时，要注意教学的实践活动和它多功能作用的发挥，要将体育教学的基本知识与体育活动的具体实践密切结合起来，教学方法要具体可操作。

（2）体育技能的教法

体育技能的教学方法即为一般意义上的运动教学方法，这是体育教学方法中与其他学科的教学方法有很大差别的部分。在采用相应的体育教学方法时，应首先确定体育教学的目的。教师应首先明确教学的目的是使学生掌握运动技术的技能，还是为了发展学生身体或是要达到其他什么目的。其次，应对体育教学的内容进行分析和处理，运用相应的动作教学方法来实现相应的教学任务。体育教学的目的以及体育教学的内容不同时，活动的方式也会有很大的区别，这时就需要采用不同的动作方法和策略。因此，体育技能教学方法具有灵活多变的特点，应根据具体的教学情况进行随机应变。

2. 思想教育法

思想教育法是对学生进行思想品德教育和美育的方法，这也是体育教学的重要任务之一。在开展相应的思想教育时，应结合体育教学的特点采用相应的教学方法，确保教学能够收到很好的效果。体育教学方法的运用要能够促进学生顽强拼搏的意志品质的形成，培养其团队协作的意识，要促进学生个性意识的发展，并促使其形成正确的价值观念和审美观，培养其探索性和创造性思维。

（二）学练法类

1. 学法类

学法类即为指导学生进行学习的方法，这也是体育教学的重要方面。在进行体育教学时，指导学生进行学习的方法应注重以下几方面的内容：首先，应确保学生能够较好地掌握前人积累和总结的知识和经验，在继承的基础上求得发展；其次，学生应将相应的知识和经验与自身的个性特点相结合，从而最终形成终身体育意识与拥有相应的能力。

总而言之，学法类的教学方法应使学生不仅能够掌握相应的知识和技能，还要使其愿学、会学，并且在以后的工作和生活中能够对所学的知识进行运用，使其养成良好的体育锻炼习惯。

2. 练法类

指导学生锻炼的方法是体育教学里面最具本质特征的方法。练法类教学方法对于学生的身体素质以及各项运动技能的发展具有直接的作用和效果，在教学过程中，学生应能够理解和感受身体运动时的各项体验。在教学过程中，具有众多的身体锻炼的方法，其效果也是因人而异。另外，在教学过程中，各种教学方法既可以单独使用，也可以进行有效的整合，从而形成一定的方法体系来运用。在教学过程中，应使得学生明确各种练法的作用和意义，并把握不同练法之间的联系，从而能够自如运用。

第二节 体育教学方法的划分

一、语言教学法

语言法即在教学活动中，教师通过对学生进行语言指导，从而达到相应的教学效果的方法。作为一名教师，能够正确、简明、形象地使用语言，对于学生的学习和教学工作任务的完成具有重要的意义。正确地使用语言，不但能够使学生更好地理解相应的学习目标和任务，还能够促进其对相应的知识和技能进行快速掌握。

因此，在体育教学过程中，教师应注重语言法的运用，注重语言的技巧。

一般学校体育教学中语言法的形式有讲解、口头汇报、口头评价以及口令和指示等。

（一）讲解法

讲解即教师将相应的动作要领、方法和规则要求等方面的知识向学生进行说明，目的在于更好地指导学生进行相应的运动技能的学习和掌握。讲解法是较为常用的教学方法，在运用时，应注重以下几方面的问题。

（1）要明确讲解的目的，根据教学的目标、教学内容和学生特点进行讲解。在讲解过程中，应对自身的语速、语气进行调节，并抓住教学内容的重点和难点，具有一定的目的性和针对性，这样才能够使学生明白哪些是重点和应该着重理解的方面。

（2）在进行讲解时，应注重其内容的正确性，不管是具体的工作原理还是相关的基本知识，都应做到准确无误。另外，还应注重讲解的方式要与学生的学习情况和学习能力相适应，使学生能够很好地接受相应的知识。

（3）为了更好地使学生理解相应的技术动作，讲解要做到生动形象、简明扼要。具体而言，在讲解过程中，应注重将新的技术动作和知识内容与学生已经了解和熟悉的内容联系起来，使学生更好地理解相应的动作技术。另外，教学时间有限，学生的注意力集中程度也会随着学习时间的延长而有所下降，因此，应抓住重点，简明扼要地进行讲解。

（4）在内容讲解过程中，不能将一些知识体系和动作技术孤立，要注重启发学生的发散性思维和创造性思维，使学生能够触类旁通、举一反三，更好地理解相关的知识，达到学以致用的目的。

（5）在进行讲解时，还应注重讲解的时机和效果。在讲解相应的内容时，首先应选择合适的站立位置，确保每个学生都能够听到相应的内容；另外，应充分调动学生的好奇心和积极性，如此才能取得更好的效果。

（二）口头汇报法

口头汇报是教师了解教学效果的重要方法之一，这种方法要求学生根据教学需要，向教师表述学习心得和有关教学内容、方式等相关方面的疑难问题。通过学生的口头汇报，教师能够明确自身在教学过程中的不足，为提高和发展自身教学水平提供相应的依据。对于学生而言，通过这种方式不仅能够培养其语言表达能力，还能够促进其进行积极的思考，加深对于教学内容的理解。因此，在教学过程中安排相应的口头汇报不仅有助于教师和学生素质的提高，对于教学质量的提升也有重要的促进作用。

（三）口头评价法

口头评价法也是一种重要的语言方法，对于学生的动作完成情况以及课堂表现给予相应的口头评价，能够更好地促进学生的学习。口头评价可分为两种，一种为积极的评价；另一种则是消极的评价。积极的评价即对学生的正面鼓励，能够在一定程度上激发学生的积极性，促进教学活动的更好开展；消极评价则是否定性的评价，这种评价往往指出学生的不足，明确其提高的方法和努力的方向，用这种方式时应注重语气和口气。

（四）口令、指示法

在体育教学过程中，需要借助多种口令和指示，如"立正""跑""转体"等。这些语言简短有力，能够很好地指导学生进行相应的技术动作的学练。但是，需要注意的是，运用这些口令和指示时，应注意把握其时机和节奏，否则会造成学生动作的不协调和出错。另外，还应注重发音的洪亮有力，不仅要使学生能够清楚地听到，还应给学生势在必行之感。

二、直观教学法

直观法是体育教学中较为常用的一种教学方法。通过直观的方式作用于人体的感觉器官，引起相应的感知，从而实现体育教学目的。一般常用的直观教学法有：动作示范、条件诱导、多媒体技术、教具和模型的演示等。在实践过程中，人们认识事物时都是首先从感觉器官的感知开始的，因此，直观教学法能够使学生更容易理解相应的教学内容。

（一）动作示范法

动作示范法指的是教师采取一些示范动作，使学生对技术动作的形象、结构和要领进行掌握的基本方法。一般在进行动作示范时，教师可亲自进行示范，也可指定相应的学生进行动作示范。在采用动作示范方法时，应注重以下几方面的问题。

（1）在进行动作示范时，应具有一定的目的性。如果是为了使得学生了解动作的基本形象，示范动作可稍快；如果是为了使学生了解相应的动作结构，并引导学生进行学习，则动作应稍慢，可略夸张；如果是示范相应的重点和难点动作，可多示范几次。

（2）示范动作一定要注重其正确性，避免对学生形成误导。在进行相应的讲解时，不仅要注重内容的正确性，还要体现出教学内容的特点，并与学生的学习能力相适应，提高学生的学习兴趣。

（3）进行动作示范时，应使全体学生都能够看到，可使学生呈圆圈形站立，或是错位站立。

（4）在进行动作示范时，一般会配合相应的讲解方法，使得学生能够更好地理解。可采用先示范后讲解、边示范边讲解和先讲解后示范等方式。

（二）条件诱导法

条件诱导法也是较为常用的一种教学方法，以某种条件为诱因，并与相应的动作建立联系，从而达到相应的教学目的。例如，通过相应的音乐伴奏和喊节拍的方式，形成一定的动作节奏感；通过简单的语言提示使得学生的动作能够流畅进行。另外，也可设置相应的视觉标志，指示学生进行相应的动作方向和运动轨迹、幅度等方面的操作。

（三）采用多媒体技术法

多媒体技术主要包括电影、幻灯、录像等。在运用电影和电视、录像时，应注意播放内容要与体育教学目标相适应，并有机结合电影和电视、录像与讲解示范练习。多媒体技术虽然在教学过程中得到了普遍的运用，但是在体育教学过程中，其应用并不广泛。这与体育教学在户外授课、器材运用不方便具有很大的关系。

（四）直观教具与模型演示法

在体育教学过程中，对于一些高难度的动作可采用图表、照片和模型等直观方法进行辅助教学。通过运用这些教学工具能够使学生更加易于理解相应的技术结构和动作形象。另外，对于一些战术配合，也常采用模型演示的方式进行讲解。

三、完整与分解教学法

（一）完整教学法

完整法指的是从动作开始到结束完整地进行教学和练习的方法。一般在技术动作的难度不是很高或技术动作不可进行分解时，会采用完整法进行教学。另外，在首次进行动作示范时也会采用完整法来进行动作技术形象的示范。完整法的优点在于动作协调优美、结构简单、方向路线变化较小，各部门之间具有密切的联系。其缺点在于对一些复杂的动作而言，采用这种教学方法会为教学带来一定的困难。为了便于学生进行学习，促进教学活动更好地开展，应注重以下几方面的问题。

（1）在讲授一些简单和易于掌握的动作技术时，教师可以先进行完整的动作示范，示范之后，学生直接完成完整的动作练习。

（2）有些技术动作无法分解，这时要采用完整教学法。需要注意的是，在采用这种方法时，要对其中的各项要素进行必要的分析，如动作的用力、动作转变的时机等。但是，不能拘泥于动作的细节，要从整体上进行把握，确保动作的完整性和流畅性。

（3）对于一些难度动作，可先降低难度或是徒手完成相应的动作，在此基础上逐渐增加难度。需要注意的是，降低难度时，不能使技术动作出现错误，这是基本要求。在教学过程中，对于一些器材的质量以及高度、距离等标准可适当降低。

（4）采用完整法进行教学时，可适当改变外部的环境条件，在外力条件的帮助下完成相应的完整动作。

（二）分解教学法

分解法即将完整的动作划分为几个部分，逐步使学生掌握完整的动作技术。这种方法适用于难度相对较高，并且动作可分解的运动项目。采用这种教学方法时，能够将复杂的动作分解为简单的动作，从而使技术难度降低，更加有利于学生的学习和掌握。但是，这种方法也有相应的缺点，即注重对于局部动作的分解把握，可能在一定程度上使得学生对于整体的理解不全面。因此，分解教学法和完整教学法通常结合使用。

在运用分解法进行教学时，应注意以下几方面的问题。

（1）应仔细分析动作技术的特点，采用合理的方式对其进行分解，注重时间、空间等方面的有序性和统一性。

（2）将完整的技术动作分为多个环节时，应注重各个环节之间的联系，注重动作结构之间的联系。

（3）在熟练掌握各阶段的动作之后，要注重各个环节之间的动作衔接，要保证其过渡的流畅性，形成有机的整体。

四、游戏与竞赛教学法

（一）游戏教学法

游戏法也是体育教学过程中较为常用的一种方法，它是指教师组织学生通过做游戏的方式来完成相应的教学任务的方法。通过开展相应的游戏，使得学生之间开展竞争和合作，提升学生的思考和判断能力，促进教学质量的提高。游戏法具有一定的趣味性，能够提高学生参与的积极性，培养学生的学习兴趣，因此在体育教学中被广泛地运用。在运用游戏法时，应注重以下几方面的问题。

（1）应根据教学目标和教学内容采取合适的游戏规则和游戏要求，确保游戏内容与教学内容相契合。

（2）采用游戏法时，学生需要遵守相应的规则。但是，应注重鼓励充分发挥学生的主动性和创造性。

（3）教师应做好相应的评判动作，要做到公正、客观，避免挫伤学生参与体育学习的积极性。

（二）竞赛教学法

竞赛法即在教学过程中，为了检验教学效果和提高学生的技术水平，组织学生进行比赛的方法。竞赛法将所学的技术动作应用于实践，能够使得学生更好地掌握相应的技术动作。采用这种方法具有一定的竞争性和对抗性，学生需要承受较大的运动负荷。通过开展竞赛，能够培养学生的应变能力，对于其心理素质和意志品质等方面的发展也能起到一定的促进作用。

采用竞赛法时，应注重以下两方面的问题。

（1）开展竞赛时，应进行合理的组织，无论是个人赛还是小组之间的比赛，其实力应相对较为均衡。

（2）开展竞赛时，学生应熟练地掌握相应的技术动作，能够在比赛中很好地运用。

五、预防与纠错教学法

为了防止和纠正学生在练习过程中出现和可能出现的错误动作，教师在教学过程中经常采用预防与纠错法。在教学过程中，学生对于各种动作技术的掌握不标准和出错的状况是不可避免的，教师应正确对待，并注意进行有意识的引导和纠正。

预防和纠错是相互联系的。预防具有一定的超前性，要求对于可能的错误动作进行积极的引导，并对其出错的原因进行分析；纠错具有鲜明的针对性，针对学生的错误动作采取相应的纠正措施，并分析出错的原因。预防与纠错的具体方法有以下几种。

（一）语言表述法

为了使学生建立起正确的动作概念，应注重动作细节与要点描述的准确性，使学生能够明确理解各技术动作的标准和结构顺序。通过这种方式，能够使得学生建立正确的动作意识。

（二）诱导练习法

为了使学生的动作准确无误，可采用诱导性的教学方法达到相应的教学要求。例如，学生在做肩肘倒立时，不能将腰腹部挺直，针对这种情况，可在垫子上方悬一吊球，让学生用脚尖触球，这样学生就可以挺直腰腹部了。

（三）限制练习法

在进行相应的动作练习时，设置一定的限制条件，有助于错误动作的纠正。例如，在进行篮球投篮练习时，为了使学生的投篮动作更加协调、标准，可进行罚球线左右的投篮练习，使学生掌握正确的投篮方式。

（四）自我暗示法

自我暗示法是一种重要的方法。学生在进行相应的动作练习时，为了保证动作的准确性，在练习中有意识地暗示自己达到要求的方法。例如，在进行篮球的投篮练习时，学生可暗示自己投篮时手指、手腕的动作要标准，使得自身的投篮动作准确无误；再如，在奔跑练习中要暗示自己注意后腿充分蹬地。

六、体育教学的其他方法

除了上述教学方法之外，在创新教学理念的影响下，一些其他类别的教学方式也逐渐被移植进体育教学之中，如自主学习法、合作学习法以及发现式教学法等。

（一）自主学习法

自主学习能够充分发挥学生的主观能动性。在体育教学中，自主学习法指的是"为了实现体育教学目标，学生在体育教师的指导下，依据自身的需要和条件制定目标、选择内容等学习步骤，完成学习目标的一种体育学习模式"。自主有独立性、能动性和创造性等特点，有利于激发学生学习体育的积极性，培养学生的体育自主学习能力，确立学生在体育学习中的主体地位，提高体育教学的学习效果。

在体育教学过程中，采用这种方法时应注意以下两方面的问题。

（1）学生应根据自身的知识储备和能力水平，选择相应的学习目标和学习内容，并在教师的引导下进行。

（2）学生应根据自身情况，对照学习目标，积极进行自我调控，并及时改进教学方法和教学策略。

（二）合作学习法

合作学习法，指"在教学过程中，对学生进行相应的分组，学生为完成共同的学习任务，而有明确的责任分工的互助性学习形式"。各小组成员根据自身的特点承担相应的责任，各成员之间是相互依赖的关系，在相互协作中，完成相应的任务。在体育教学中，应用该方法应遵循以下几个步骤。

（1）在教师的引导下，学生分成小组。

（2）全体成员在教师的指导下，根据教学内容确定教学目标。

（3）确定各学习小组的研究课题，对各小组成员进行明确分工。

（4）小组成员合作学习，围绕主体完成自身的任务，从而实现小组任务目标。

（5）各小组进行一定的学习和交流，分享相应的成果，并纠正自身的不足。

（6）对学习过程进行评价，总结经验和得失，促进下次学习更好地开展。

（三）发现式教学法

发现式教学法是通过积极引导学生发挥自己的创造性思维，使学生在发现的过程中进行学习的一种教学方法。从青少年学生的好奇、好动等心理特点出发，以发展学生的创造性思维为目标，以解决问题为中心，以结构化的教材为内容，使学生通过再发现进行学习的方法。

在体育教学过程中，运用发现式教学方法要遵循以下几个步骤。首先，提出相应的问题，或是设立相应的学习情境，使得学生面临相应的问题和困难，在教师的引导下去进行相应的探索；其次，通过进行相应的练习，初步掌握技术动作的原理和方法；再次，通过分组讨论，提出相应的假设，并进行相应的实践验证，并对提出的问题进行讨论，最后得到共同的结论。

采用发现式教学法时，应注意以下几方面的问题。

（1）教师要善于提出相应的问题和创设相应的情境，要充分调动和激发学生的积极性，激发学生学习的兴趣。

（2）教师提出的问题应适应学生的能力，使学生能够根据已有的知识和经验，通过一定的探索得到相应的答案。

（3）要抓住教学的重点，引导学生对重点问题进行积极的思考，并找出解决问题的方法，启迪学生的创造性思维。

（4）采用这种方法时，应注重由浅入深、由抽象到具体，使得学习过程符合人们的认知规律。

（四）教授法与学练法

就教学本质而言，教学方法包括教师教的方法（教授方法）和学生学的方法（学习方法）两方面，是教授方法与学习方法的统一。一般来说，教法和学法是不能分割的，教法中包含着学法，学法里体现着教法，二者共处于教学过程之中。教授法必须依据学生的学习基础与条件进行，否则便会因缺乏针对性和可行性而不能有效地达到预期目的。但由于教师在教学过程中处于主导地位，所以在教法与学法的关系中，教法处于相对的主导地位。

根据学理上的要求，结合体育教学学科的特点，我们将体育教学方法首先划分为以体育教师为主的"教授法"与以学生为主的"学法"，由于体育教学是以身体练习为主体的操作性实践活动，因此，又把以学生为主的"学法"一词改为"学练法"较为妥当。

由于体育教学法中教师的活动与学生的活动是相互交错的，我们把教学方法划分为"教授法"与"学练法"的同时，必须提示"教授法"与"学练法"是相互统一、相互对应的，这样不至于割裂教师的"教授法"与学生的"学练法"之间的紧密联系。

从学生学习行为角度分析，"学练法"也可以按照运动技能掌握的不同阶段进行划分，划分的另一个依据是从学生学习过程与行为来考察——看、听、思维、记忆、练习等。其中，"看"有全面看、重点看、正面看、侧面看、背面看、比较看、顺序看、分段看。"听"有重点听、难点听、过程听、次序听。"思"又分为：联想思维法——相似联想、接近联想、对比联想、因果联想；形象思维法——通过形象来进行思维的方法，它具有形象性、感情性，是区别于抽象思维的重要标志；归纳思维法——根据一般寓于特殊之中的原理而进行推理的一种思维形式。"记"有有意记忆法、理解记忆法、联想记忆法（一般来说，互相接近的事物、相反的事物、相似的事物之间容易产生联想）、多通道记忆法（有视觉、听觉、动觉、触觉等，有多种感知觉参与的记忆叫作多通道记忆）、精选记忆法（对记忆材料加以选择和取舍，从而决定重点记哪些、略记哪些）、口诀记忆法等。"练"有模仿练习法、重复练习法、间隙练习法、比赛练习法、游戏练习法、完整练习法、分解练习法、循环练习法、表象练习法、强化练习法等。

因此，结合以上两个依据，学生的"学练法"内容可划分为：第一阶段，建立运动技术的直观表象（听、看、思、记）——观察法、聆听法、探究法、形象思维法、归纳思维法、有意记忆法、理解记忆法、联想记忆法；第二阶段，实施与矫正运动技术阶段——模仿练习法、分解练习法、完整练习法、表象练习法、重复练习法、变换练习法、间隙练习法、游戏练习法、循环练习法等；第三阶段，巩固运动技能阶段——强化练习法、提高难度练习法、比赛练习法等。其次，按学生组织形式划分，还可以分为：个人学练法（自学法、自练法）、小组合作学练法（分层学练法、差异学练法等）。

需要进一步说明的是，"教授法"与"学练法"在体育课堂教学中并不是连续排列与实施的，因为教学活动本身就是教师与学生共同的活动，因此以教为主的"教授法"与以学为主的"学练法"是相互交错、相互结合的。如在传统的课堂教学中先有教师的示范与讲解；后有学生的徒手模仿练习、初步练习；接着可能又是教师的直观演示，因为教师可能发现学生并没有领会动作要领；经过演示，再让学生进行练习；学生集中观看正误对比；教师进一步示范等。这些教学过程穿插了学生的各种活动、教师的各种活动，当然也包括了各种教学组织。

（五）运动技能教授法与思想心理教育法

由于教学目标是影响体育教学方法划分的重要因素，因此，需要明确体育教学目标的主线和目标之间的关系。其中的主线是运动技能目标，其他教学目标可以根据主线贯穿于教学的各个层面。从学生学习运动技能角度而言，是一个从不会到会的过程。教学初始，教师应对新授的运动技术进行示范与讲解，使学生对教学运动技术有一个直观的认识，之后教师便开始分解教学或完整教学，并对学生在学习过程中产生的错误动作进行反馈、指导、纠正，直至学生掌握运动技能。若把整个教学过程的教法按照这个依据进行划分，那么教师的"教授法"就可以划分为：第一阶段，建立运动技术的直观表象——讲解法、示范法、图示法、情景法、启发法、比较法、教具演示法、模型演示法等；第二阶段，实施和矫正运动技术阶段——分解法、完整法、保护法、帮助法、反馈法、指导法、纠错法等；第三阶段，巩固运动技能阶段——提示法、指点法、分析法等。

　　同时，体育教学活动与其他学科教学活动一样，对学生应加强课堂组织与管理，并实施心理健康与思想品德教育。因此，还需要运用说服法、榜样法、评比法、表扬法、批评法等教育方法。

（六）有教师指导下的学练法与无教师指导下的学练法

　　体育教学是师生的双边活动，因此体育教学中的学生必须依赖教师的指导，但是教师对于学生的指导并不是在一节课中的每时每刻都存在，而是有限的，并且，在班级授课制教学中，体育教师只有一个，学生则少至30人以上，多至60人以上，很多偏远山村甚至达到一百余人，设想一下，那么多的学生，体育教师应如何指导才能面向全体？因此，我们可以把体育教学方法分为完全没有教师指导的课外自学法和有教师指导的课内教学法，而课内教学法又可以分为课内教师指导下的教学方法和自主学练法等。

　　以上三个层面的教学方法并不是并列关系，而是相互交错的，没有绝对的划分标准，只有相对合理的判断。

第三节　体育教学方法的选择和运用

一、体育教学方法的选择

（一）选用教学方法的艺术

在体育教学实践过程中，有多种制约教学活动的因素，在不同的教学目标、内容、对象以及教学条件下，教学方法也发挥着不同的效果。这在一定程度上决定了教学方法的多样性。因此，在教学过程中，应注重教学方法的科学性、艺术性和综合性的结合，形成良好的教学模式，并且要进行灵活变通。实践表明，教学方法都有优点和缺点，适应于所有教学条件的教学方法并不存在。因此，在选择教学方法时，应注重科学性、艺术性和综合性的结合。

在选择教学方法时，并不是随意选择的，必须具有一定的科学依据。在教学过程中，应以教学规律为根据来选用合适的教学方法。教学方法与教学目标、教学内容、教学对象等方面均具有一定的联系，在选择教学方法时，应分析和掌握这些因素之间的本质联系，从而确定科学教学方法。

在选择教学方法时，还应注重选择的艺术性。教学方法不仅要具有一定的科学性，还要保证在具体的教学实践过程中，采用的教学方法要具有灵活性、艺术性和创造性，避免机械、僵化地运用。在实践过程中，应根据具体的条件和教学需要，选择相应的教学方法，必要时，还要对教学方法进行加工和创造。

在教学实践过程中，教学方法的选择具有综合性的特点。不同的教师会采用不同的教学方法体系，并取得一定的教学效果。在选择教学方法时，也不能要求所有的教师都千篇一律。不同的教师会有不同的教法特色，只要其教学方法能够取得一定的教学效果，就值得被使用和发展。

需要注意的是，体育教学的内容处在不断地发展和变化之中，教学也呈现变化性的特点，这就要求体育教学的方法也要不断进行发展和创新。因此，在选择相应的教学方法时，应用发展的眼光看问题，动态地去选择相应的体育教学方法。

（二）选择体育教学方法的具体参考依据

1. 参考体育教学目标

体育教学目标的主要特征之一是多层次性，身体发展目标、技能发展目标、知识发展目标、社会发展目标和情感发展目标等是体育教学目标的不同层次。为了实现不同的教学目标，应采用不同的教学方法。在体育教学中，教学目标并不是孤立的，它是多种目标的综合，而每一单元、每一堂课目标的侧重点是不同的。因此，在教学过程中应根据具体的课堂教学目标选择重点发展某一方面的教学方法。课时教学目标是体育教学总目标的具体化，这一目标具有很强的指导性。它既有相应的运动技能和运动理论方面的知识，也有心理和品质品格方面的内容。针对这些不同的教学目标，应选择与之相匹配的教学方法。

2. 参考体育教材内容

体育教学的内容与教学方法之间具有密切的关系，如对一些技术动作，教学内容应采用主观的示范操作的方法，而对一些原理和知识结构方面的内容，则应注重运用语言法进行讲解。不同性质的体育教学内容，应采取相应的教学方法。每一种教学方法为实现一定的目标而运用在某一教材内容时，其效果也会表现出一定的差异性。因此，在体育教学过程中，应注重教学方法的灵活性。

3. 参考体育教学环境

教学环境对教学方法的选择具有重要的影响。教学环境包括场地器材、班级人数、课时数等，同时，外界的社会文化环境也对教学环境具有重要的影响。教学环境必然会对教学方法产生制约作用。例如，一些直观教学方法需要借助一定的教学器材才能实现相应的教学目标，而学校体育教学资源的具体情况在一定程度上对教师采取的教学方法具有决定作用。

教师在体育教学过程中，应充分利用现有的教学环境，选择合理的教学方法，最大限度地利用现有的场地、器材条件。

4. 参考学生的实际情况

在教学过程中，教学方法的实施对象是学生，采用多种教学方法的最终目的是促进学生更好地学习。因此，在选择相应的体育教学方法时，应与学生特点及其实际情况相符合。学生的实际情况表现多方面的内容，包括学生的年龄特点、性别特征、身心发育状况以及相应的知识储备和学习能力等。

学生处于不同的年龄阶段，则其身心发展过程也具有阶段性的特点。对于大学生而言，低年级学生和高年级学生其身心发展特点会表现出鲜明的差异性。另外，男女性别上的差异性也会导致其对于体育的态度有所不同，因此，应采取合适的方法，充分调动学生体育学习的积极性。

学生的经验和知识储备及其相应的学习能力也是教师选择不同的教学方法的重要依据。对于知识储备量较为丰富，已经掌握了基础的知识技能，并且学习能力较强的学生，在学习新的体育技能时能够更快、更好地掌握。此时，教师可采用合理的教学方法促进学生的技能向着更高的水平发展。

5. 参考教师的自身条件

体育教师是各种教学方法的实施者，其自身的素质对于教学活动的效果具有重要的影响。体育教学如果能力和素质有限，将不能发挥相应的教学方法的作用，从而对教学活动产生消极的影响。因此，教师在选择相应的教学活动时，应对自身的专业素养、能力水平以及教法特点有着客观的理解。

一般而言，体育教师所熟练掌握的教学方法越多，则越能够根据自身以及学生的实际情况选择出最佳的教学方法。不同教师根据学生实际状况采取同样的教学方法，也会得到不同的教学效果，可见教师自身条件极大地影响着体育教学活动。所以，教师要提高认识自身素质与教学风格的意识，并通过积极的学习增强自身的素质，尝试和掌握更多的教学方法。

（三）选择体育教学方法需要注意的事项

1. 注意师生之间的协调配合

在体育教学过程中，教师和学生的默契配合是取得良好教学效果的重要保证。教学活动不存在没有"教"的"学"，也不存在没有"学"的"教"。因此，不管是何种教学方法，都应考虑到"如何教"和"如何学"这两方面的问题。

在传统体育教学过程中，片面强调以教师为中心，教学方法也只是注重教师"如何教"的问题，而对于学生在教学过程中的作用则选择性地忽略了。例如，教师在进行动作示范时，只考虑动作的优美和协调性，而没有考虑学生的感受，从而使学生的学习效果不佳，影响教学活动的开展。

因此，体育教学方法的应用应考虑师生双方的配合，避免两者相脱节。这样，才能取得良好的教学效果。

2. 注意学生内部与外部活动的配合

学生的学习过程是内部活动和外部活动的综合体现，因此，在选择相应的教学方法时，应注重两者之间的配合。所谓内部活动，即学生的心理活动以及相应的生理生化反应等方面；外部活动则是其动作质量、情绪、注意力等方面。

在选择相应的体育教学方法时，应注重这两者之间的配合。教师应善于分析学生的内外活动变化，有机结合指导学生外部活动的方法与激发学生内部活动的教学方法，以促进学生主动积极地参与到体育学习中。

在选择体育教学的方法时，还应对多种教学方法进行对比分析，从而确定最佳的教学方法。在教学过程中，应明确不同的教学方法适应什么样的教学内容，能够解决什么样的教学问题，能够对什么样的教学对象起到更好的作用等。

3．注意不同学习阶段的前后配合

学生在学习过程中，在不同的学习阶段会表现出不同的特点。体育教学方法的应用应考虑到学生学习知识的不同阶段的前后配合。例如，在动作学习过程中，应注重"模仿型"向"创造型"的过渡，并实现二者的有机结合。

学生的学习过程是由不了解到熟悉的过程。在学习的初始阶段，学生往往以模仿（模仿教师或他人）学习为主，之后就会形成动作定式而完全摆脱模仿，从"模仿型"过渡到"创造型"。这两个阶段之间既有一定的联系，又相互区别。因此，在运用教学方法时既要防止二者之间的互相代替，又要防止二者之间的割裂。

二、体育教学方法的运用

（一）运用体育教学方法的注意事项

良好教学效果的取得不仅要求教师要选择合适的教学方法，还要求教师具有良好的素养，能够有效运用体育教学方法；在对相应的体育教学方法加以运用时，有以下几方面需要注意。

1．注意体育教学方法效果的影响因素

在对体育教学方法进行合理应用时，为了取得良好的教学效果，体育教师要加强与学生之间的协调配合。在体育教学实践活动中，教学所产生的效果受体育教师的知识储备、人格魅力以及教学技艺等方面的影响。所以，提高教师的素养对于教学方法使用的效果将会产生积极的影响。

然而，需要强调的是，体育教学是教师与学生之间的双边互动，学生对于教学方法运用的效果也具有重要的影响。因此，学生能动性的发挥情况对于教学方法的运用效果具有重要的影响。例如，当学生没有太大的兴趣参与到体育课教学中时，就会在课堂上表现出注意力不集中，即使体育教师使用正确、生动、形象的讲解方法或准确、协调、优美的动作示范，学生依然不会提高参与课堂学习的兴趣与积极性。

除了教师和学生因素之外，体育教学的物质条件和环境也在一定程度上影响着体育教学方法的运用。例如，在进行篮球运动教学时，如果是在较为干净的室内塑胶场地上，学生在奔跑和起跳时的心理状态与在水泥地面上时是不同的，室内塑胶场地上，当学生起跳落地时，可以做出相应的保护性动作，能够有效避免受伤。因此，在强调教学主体主观因素的同时，也不可以将物质和环境等客观因素忽略掉。

2. 注意体育教学方法有关理论的运用

体育教学的理论源于实践，但又高于实践，是科学总结体育教学实践的结果。因此，体育教学的相关方法既要注重实践方面的问题，又要注重理论方面的探索。如果体育教学的相关理论具有一定的片面性，则教学的方法也会表现出一定的片面性。在体育教学过程中，体育教学方法方面的理论基础应综合考虑以下几方面。

（1）辩证唯物主义的基本观点。

（2）系统论原理，深化理解体育教学系统。

（3）教育学、心理学等与体育教学有关的学科理论知识。

（4）普通教学论和体育教学论，这是体育教学方法直接的理论基础。

（5）对当代各学科的先进理论成果进行借鉴和吸收，创造性地应用相应的理论和方法。

总而言之，在体育教学过程中，要应用新观念、新理论指导体育教学工作，不断对体育教学方法进行创新，并充分发挥各种教学方法的效用。

（二）体育教学方法的优化组合运用

1. 优化组合运用的原则

（1）最优性原则

不同的教学方法其特点、功能和应用范围都会有相应的差异性，各教学方法都有其优缺点。因此，在对教学方法进行组合运用时，会形成不同体系的综合教学方法，每一套教学方法也有其鲜明的特点。教师在进行教学方法的优化组合时，应根据实际情况，选择一套最符合实际情况的教学方法。教师在教学方法选择时，应从整体入手，将各种教学方法进行有机结合，充分发挥教学方法体系的整体功能。

（2）统一性原则

统一性原则要求教师在选择相应的教学方法时，应注重"教"与"学"的统一，使得两者之间密切结合、相互促进。如果只强调其中的一方面，则教学活动并不会取得良好的效果。另外，统一性原则还要求在教学过程中，将教学方法的多种功能充分地发挥出来，促进学生素质的全面发展。

（3）启发性原则

不管是何种形式的教学方法，都应该能够更好地调动学生的积极性和自觉性，促进学生进行积极思考与探索，促进学生全面提高自身素质。在体育教学活动中，注重学生兴趣和动机的培养，发展其自主思维和学习的意识。

（4）创造性和灵活性原则

在选择体育教学方法时，应注重发挥教师和学生的创造性。应对教学方法进行积极的改进和创新，使其更加适用于教学实践活动。只有这样，才能够使教学方法的功能最大化，从而取得较好的教学效果。教师要对教学方法进行不断的发展和创新，这样才能与教学水平的发展相适应。

教学活动是一个动作的过程，教师在课前设计的相应教学方法可能在具体的教学实践中面临多方面的问题，这就需要教师进行灵活应变，根据实际教学情况，对所选的体育教学方法进行灵活的、创造性的运用。

2. 体育教学方法优化组合的程序

（1）将体育教学的任务进一步明确

选择不同的教学方法，要以教学任务和教学目标为主要依据。因此，应将一节课的具体教学任务进行分析和细化，制订出相应的详细任务规划。

（2）根据实际情况将总体设想提出来

通过对教学任务、教学内容、学生的具体情况以及教学的外部情况等进行分析，对相应的教学方法进行评估和分析。在提出教学的总体设想时，应将教学方法的可行性和适用性充分考虑进来。

（3）对多种体育教学方法加以优化组合

制定教学方法和教学方法的具体方式和细节表，对于各种教学方法进行分析，并对其不完善的地方进行相应的补充。在此基础上，将优化组合后的教学方法应用于具体教学实践过程中去。

（4）对优化组合的教学方法进行实施与评价

在体育教学过程中，应对教学方法产生的效果进行跟踪了解，可通过学生反馈的形式了解具体情况。对教学方法的反馈信息进行归纳和分析研究，并对教学方法做出相应的调整。在之后的教学过程中，要不断地总结经验和教训，促进教学方法的不断优化。

（三）体育教学方法在具体操作中的运用

1. 讲解法

运动技术的讲解是体育教师在课堂教学中最基本的能力之一，科班毕业的新教师由于缺乏一定的实践经验，较多地停留在教科书中知识的背诵上，没有掌握一定的讲解技巧，因此，他们的讲解能力与水平比较低；而具有一定实践经验的在职教师虽然在讲解能力与水平方面有了较大的提高，也不尽如人意。通过观摩许多国家级、省市级层次较高的获奖课可以发现，体育教师课堂语言的运用还存在着较多的问题，如讲解的时间较长、语言不简练、重复性的语言过多、艺术性较差、语言缺乏连贯性、口语化现象较严重等。因此，提高体育教师讲解技巧与能力是一个当前有关体育教师教学技能的重要问题。其他学科教学也需要教师的讲解，但体育学科的讲解具有较大的特殊性，需要贯彻"精讲多练"的原则，即讲解要在不能耗费太多时间的基础上提高效果。因此，体育课堂教学中教师的讲解不仅要遵循一般学科教学教师讲解的原则，还要符合体育学科教学中的一些基本要求，以达到体育课堂教师讲解的目标与效果。

（1）运动技术讲解的内涵及其外延

运动技术讲解属于体育教师语言运用的一种方法，教科书中有关讲解的概念是：教师给学生说明教学目标、动作（练习）名称、动作要领、动作方法、规则与要求等，指导学生进行运动技能的学习，掌握运动技能的方法。因此可以认为，运动技术讲解的内涵是通过教师简洁有效地讲述动作结构、原理、要领、方法，使学生对运动技术的概念与表象有一个准确而清晰的认知和感性理解。

根据不同的划分标准，体育课堂中教师的运动技术讲解外延有不同层面的内容，主要有：①全面讲解、片段讲解；②仔细讲解、重点讲解；③集体讲解、个别讲解；④口头讲解、结合图示讲解、结合教学模型讲解；⑤快速讲解、中速讲解、慢速讲解等。因此，体育教师要根据课堂教学不同的目的和要求，选择不同类型的讲解方式，才能达成运动技术讲解的效果。

（2）运动技术讲解的基本要求

如何对体育教师的运动技术讲解技能进行评定，目前还没有一个统一的标准，当然这个标准需不需要构建也是一个问题。有的教师可能认为，每一个教师的特点不同，讲解的特色应各不相同，如果制定一个统一的标准，那么就会有很大的局限性，这也有其中的道理。但笔者认为，虽然每一个教师各有所长，但有些要求还是需要基本一致的，因为体育教学并不是每一个教师的私事，而是具有相对公开的一定规范的教育活动，基于目前没有较为统一的标准和一些教师的不同意见，本书不谈"标准"，只谈"要求"。要求如下：

a. 讲解内容的要求：正确、生动、形象，具有启发性、逻辑性、层次性，重点突出。

b. 讲解难度：符合学生的年龄特点和各层次学生的知识水平。

c. 讲解语言：普通话准确、口齿清晰、文字精练、语言口诀化。

d. 讲解速度、频率：抑扬顿挫、语速适中、富有节奏感、注意讲解语言的力度。

e. 讲解形式：口头讲解、结合图式讲解、结合教学模型讲解，以及全面讲授、片段讲解、集中讲解、语言提示、个别辅导等。

f. 讲解的语气：和蔼可亲、循循善诱、态度和蔼，严格而不过分，活泼而不放任、温和而不做作。

（3）运动技术讲解的特殊要求——口诀化讲解

口诀化讲解有助于提升教学效果，也容易被学生记忆，因此，在体育教学中可以根据实际情况使用口诀化的讲解，本书列举了以下一些运动技术教学的口诀，供大家参考。

a. 排球教学口诀

①垫球。屈膝抱拳迎来球，含胸收腹臂旋夹。前伸压腕球下插，蹬腿跟腰肩放松。

②肋正面上手发球。球抛右侧右臂抬，右转胸腹伸展开。全掌推压成上旋，击准部位是关键。

③传球。对正来球稍蹲式，勺型手势额上迎。蹬地伸膝并伸展，指腕弹球力适当。

b. 跑教学口诀

①弯道跑。克服离心要放松，两脚落地有不同。左外右内把地蹬，右膝内抬体左倾。右臂前内向后外，左臂贴身要小摆。幅度右大左小窄，右肩高前沿线迈。

②短跑。各就位：肩宽撑地后膝跪，两手伸直拇相对，姿态自然颈放松，定下身来莫晃动。预备：后膝离地抬起臀，臀比肩高半蹲撑。前腿与肩负体重，聚精会神听枪声。鸣枪：两腿迅速蹬地，两臂拍动积极，保持身体前倾，好似离弦之箭。疾跑：用力登地频率快，上体逐渐抬起来，髋部积极向前送，加大步幅不摇摆。途中跑：步长最大频率快，重心稳定直线好，摆臂肩带须放松，屈肘摆臂要协调，蹬地角度尽可小，伸直膝踝很重要。蹬离折叠莫后撩，大腿前摆要抬高。终点冲刺跑：点冲刺速度快，

后蹬角度要更小，身体前倾频率快，保证速度切莫跳，最后一步猛后蹬，前倾挺胸把线撞。

c. 足球教学口诀

①正脚背踢球。直线助跑膝弯曲，大腿带动脚背击，触球刹那脚背直，收腹摆腿球前飞。

②脚内侧踢球。无论定位和地滚，膝踝外展脚尖跷，脚腕紧绷紧触击球，摆幅速率注意到。

③脚内侧接球。内侧接球面积大，触球瞬间踝内拉，身体中心随球移，控球范围在胯下。

④正面头顶球。前额击球位正当，两眼看准球下方，蹬地收腹加摆头，颈部用力控方向。

d. 体操教学口诀

①跪跳起。弹性立腰快摆臂，摆到高点速制动；下压小腿上提膝，腾空落地成半蹲。

②前滚翻。蹲撑向前两脚蹬，屈臂低头再翻臀；屈膝抱腿团身紧，圆滑滚动成蹲撑。

③后滚翻。后倒屈膝又翻臀，翻掌肩上去推撑；低头滚动团体紧，臀腰背头依次滚。

④肩肘倒立。上体后倒臂压垫，两腿并拢臂上翻；两手撑顶背侧部，并腿上举髋扣开。

⑤头手倒立。前额触垫两手撑，头手等边三角形；一腿摆动一腿蹬，垂直地面快制动；夹肘紧腰固定臀，重心落在支面中。

⑥鱼跃前滚翻。屈膝蹬地臂前伸，前上跃起要腾空；两手撑垫臂缓冲，低头屈体向前滚。

⑦侧手翻。上体侧倒臂前伸，手脚依次撑摆蹬；分腿划圆体成面，手脚落成一条线。

⑧直腿后滚翻。折体直腿向后坐，举腿翻臀速滚翻；翻掌肩上快推手，收腹屈髋臂撑起。

⑨单肩后滚翻成单膝跪撑（右肩翻）。向后滚动头左偏，右肩着垫右臂伸；左腿跪撑右腿举，抬头伸臂保平衡。

e. 支撑跳跃教学口诀

①前滚翻（纵放器械）。领臂手扶箱后沿，低头含胸再屈髋；提臀折体向前翻，臀部落在箱远端。

②斜向助跑直角腾越。斜向跑进单脚起，右手撑箱体后仰；两腿积极向上摆，左手体后快扶箱；依次推手腿并拢，展髋挺胸落箱侧。

③侧腾越。两手同时撑箱背，提臀并腿向左摆；右肩侧倒左手推，右臂顶撑髋展开；左臂侧举右手推，背向跳箱缓冲落。

④分腿腾越。分腿前摆带提腰，制动推手高又飘；强调提腰去推手，第二腾空不会高。

⑤屈腿腾越。身体拉开腿蹬直，撑手屈膝胸前吸；快速屈膝快推手，两脚下踩展身体。

⑥跳上成跪撑——跪跳下。双脚踏跳双臂撑，提臀屈膝成跪撑；小腿下压臂上摆，腾空展体腿下伸。

f.单杠教学口诀

①支撑后摆下。支撑两腿先前摆，直臂顶肩腹弹杠；两腿后摆至杠上，迅速制动展髋忙；推手腾空幅度大，急抬上体挺身下。

②翻上后正撑。一腿摆动一腿蹬，倒体梗头臂莫伸，下腹贴杠要靠紧，腿低杠面快制动；翻腕伸臂再挺胸，腰背紧张成支撑。

③骑撑后倒单挂膝上。（右腿骑撑为例）撤臀后倒屈膝挂，左腿前送速展髋；脚尖发力向后摆，摆过垂面翻腕急。

④跳上后支撑。杠后两腿微屈膝，蹬地压臂上跃体；直臂下腹紧贴杠，上体稍倾腿后举。

⑤背后正握跳上后屈体悬垂。站在杠前半步远，两手后握体前屈；蹬地提臀肩下沉，折体夹臂悬垂稳。

⑥后腿向前摆越转体九十度下。（以右腿骑撑为例）骑撑重心向右移，左手推杠腿左摆；身体腾起右转快，转体九十用头带。

⑦支撑后回环。弹杠两腿向后摆，肩稍向前直臂顶；两腿前摆体后倒，腹部要把杠缠紧；回环肩过垂直面，翻腕抬体腿制动。

⑧骑撑前回环。（以右为例）反握直臂顶肩撑，重心前移右腿跨；挺直上体速前倒，左腿上部紧贴杠；上体绕至杠后平，展髋两腿向下压；右腿制动左腿摆，压臂翻腕成骑撑。

⑨后摆转体九十度下。支撑两腿先前摆，后摆腹部把杠弹；摆近极点一手推，转体下落侧向立。

⑩骑撑后回环一周半。（以左为例）骑撑撤臀左腿挂，上体后倒臂不弯；后倒肩过垂直面，挺胸翻腕把体抬；杠上骑撑不停顿，顺势后倒挂膝悬。

g. 双杠教学口诀

①分腿坐前进。并腿前摆出杠面，分腿压杠前挺髋；两手侧举前握杠，并腿后摆进杠面。

②支撑前摆下（右侧为例）。支撑前摆髋前送，左臂至高点快换手，空中展体腿下压。

③支撑后摆转体一百八十度分腿坐。并腿后摆肩为轴绞分；推手转体一百八，两手换握分腿坐。

④外侧坐越两杠下（以右侧坐为倒）。弹杠倒体并腿摆，同时两臂要顶肩；摆到极点快制动，推手越杠展腹髋。

⑤分腿坐前滚翻分腿坐。分腿两手前握杠，屈臂提臂两纠张；滚翻换手要及时，压臂抬体分腿坐。

⑥前摆向内转体一百八十度下。前摆兜腿微屈髋，摆至高点出杠面；左臂顶肩右手推，转体右手推离杠；继续内转一百八，腾空挺身不要怕。

⑦前摆向外转体一百八十度下。左右换手方向反，其他要领都同前。

⑧分腿坐慢起肩倒立。屈臂提臂两肘分，两腿并拢往上升；垂直杠面立腰紧，重心落在支面中。

⑨挂臂屈伸上。挂臂前摆速折体，伸腿展髋力前上；紧接快速制动腿，两臂伸直肘内夹。

⑩挂臂前摆上。挂臂前摆体出面，挺髋压臂力向上；紧接快速制动腿，急振上体肩离杠。

h. 篮球教学口诀

①原地双手胸前投篮。手持球于胸前，目视球篮中心点；蹬伸翻腕连贯好，弧度适中球后旋。

②原地单手肩上投篮。翻腕托球于肩膀上，屈膝开立球对篮；蹬地抬肘指拨球，出手抖腕指拨球。

③原地跳起投篮。蹬地垂直向上跳，双手举球至肩上；伸臂压腕指拨球，动作协调保平衡。

④运球急停跳投。运接球后降重心，持球屈膝起跳快；急停起跳衔接好，保持平衡出手高。

⑤行进间单手肩上投篮。一跨大步接住球，二跨小步向上跳；翻腕托球举球高，指腕柔和用力巧。

⑥行进间单手低手投篮。一跨大步接球稳，二跨小步向上跳；低手托球将臂伸，指腕上挑球前旋。

⑦原地运球。两膝弯曲体前倾，自然分指手心空；以肘为轴指腕压，柔和按拍要缓冲。

⑧行进间高运球。上体前倾膝微屈，五指分开肘为轴；用力按球侧后方，大步奔跑要跟上；左右两手夹运球，抬头观察视野广。

⑨行进间低运球。两膝微屈体前倾，五指分开接拍球；手腕柔和缓冲球，过人护球眼看球。左右两手快运球，运球勿忘多传球。

⑩运球急停急起。两拍急停站得稳，突然起动往前返；人球兼顾贴身紧，蹬跨越过防守人。

i. 原地队列练习教学口诀

①立正。两手贴着裤缝线，挺胸抬头向前看。脚跟靠拢尖成八，站直不动是关键。

②稍息。上体立正伸左脚，只能伸出大半脚。若是累了可以换，报告立正就行了。

③报数。听清再用转头报，排尾报数不转头。声音洪亮精神振，报完还原成立正。

④向左（右）看齐。转头向左（右）眼看腮，通视全线别站歪。对正看齐要站好，仅除末尾一人外。

⑤向前看。头转正，眼向前，余光还要看全线。身体立正要站好，全队需成一个面。

⑥向左（右）转。左（右）跟右（左）掌两为轴，左（右）掌右（左）跟同时转，左（右）掌向左（右）右（左）跟向右（左）方向要转九十度，一拍转好别晃动，二拍收右（左）脚立正。

j. 铅球投掷教学口诀

①背向滑步投掷（右手为例）。背向站在投掷圈，球置锁骨窝里边，左脚后摆向抵板，右腿蹬收扣膝踝，重心落在右腿上，身体扭紧勿早开，右腿蹬转要连贯，挺髋展胸推拨腕，自下而上来用力，维持平衡勿出圈。

②侧向滑步投掷（右手为例）。进圈身体侧向站，球置锁骨窝里边，左脚后摆向抵板，右腿蹬收扣膝踝，重心落在右腿上，身体扭紧勿离开。

③背向旋转掷铁饼技术口诀(右手为例)。背向站立圈后沿，挥臂摆臂弯曲胸腹前，重心左移做旋转，右腿提摆肩领先，左脚为轴体左转，身体腾空两腿换，右脚落地接蹬转，左脚支撑胸胎展，用力挥臂髋送前，维持平衡两腿换。

2．动作示范法

（1）动作示范的种类与特点

在教科书中有关示范的概念为："教师或教师指定的学生以具体的动作为范例，使学生了解动作的形象、结构、要领的方法。"因而可以认为，动作示范的内涵应是主要通过教师动作正确的演示，使观者（学生）在大脑中产生一个明晰的运动表象。其教学中具体的要求为：明确示范目的、示范正确、选择示范的位置与方向、示范与讲解相结合等。示范的使用情况可因种类不同而不同。

（2）动作示范达到熟练程度的几个要求

①动作示范正确、标准、优美。

②每次动作示范稳定、熟练。

③灵活运用各种动作示范的形式（如完整示范、分解示范、重点示范、正误示范等）。

④灵活运用各种示范面（正面、侧面、背面、镜面）和示范的速度（正常速度、慢速等）。

⑤善于运用动作示范的各种时机。

（3）动作示范运用案例——如何准确选择示范面与示范的位置

①根据运动技术的特征，选择不同的示范面。动作线路若是方向的（如跳山羊等），应采用侧面示范；动作线路若是比较复杂的（如武术套路），应采用综合示范面示范。

②根据学生排列的图形选择教师示范的位置。如左右两路排列，教师中间示范；四列横队站立，前两对下蹲，教师在前示范；圆形站立，教师在圆心前后换位示范；自由站立，教师在中间示范；学生在器械周围站立，教师在中间示范。同时还要兼顾学生背风、背光。

3．完整法与分解法

运动技能是体育课堂教学的本质特征与目标之一，教学方法是实现运动技能目标的主要途径，因此教学方法使用的准确与否直接影响了运动技能教学的有效性。完整分解法是体育教学中常见的方法，在教学实践过程中是选择完整法还是选择分解法来传授运动技术，大多数体育教师或许只有一个初步的感受——简单的动作采用完整法，复杂的动作采用分解法。但仅仅停留于此是不够的，因为有时比较难以区分动作的难易程度。其次，只有动作的难易程度还不足以说明选择哪种方法的原因，还需要从另外的视角来综合分析。笔者认为，深入研究运动技术教学过程中完整法、分解法使用情况对于实现运动技能教学有效性具有一定的理论价值与实践意义。

从概念上说，完整法是指从动作开始到结束，不分部分与段落，完整地传授某种运动动作的方法。分解法是指将一个完整的动作技术合理地分解成几个部分与段落，逐个进行教授，最后完整教授运动技术的方法。

在运动技术教学过程中是采用完整法还是分解法，应该根据运动技能的性质与特点来定，我们按运动技能的不同划分标准对运动技能来进行具体的分类，主要有：开放性运动技能、封闭性运动技能；复杂的运动技能、简单的运动技能；技术组织化程度高的运动技能、技术组织化程度低的运动技能；连贯性运动技能、间断性运动技能；精细的运动技能、粗大的运动技能；等等。当然这些分类并不十分严格，在各个分类之间还存在着交叉的现象。如足球，既是粗大的运动技能，又是技术组织化程度低的运动项目；既有简单的技术，又有复杂的技术；既是间断的运动技能，又是开放性运动技能。而以上运动技能到底适合怎样的教学方法（完整法与分解法），缺乏实验研究的支撑。

4. 预防与纠正错误动作法

在中小学体育课堂运动技术教学过程中，学生从不会到会是一个掌握运动技能的过程，也是一个逐渐克服错误动作的过程，因此可以说，学生出现错误动作是正常的，特别是一些具有一定难度的动作。教师的作用在于仔细观察学生的动作，发现错误，分析原因，并施以良好的教学手段与方法，使学生少走弯路，快速掌握所学的运动技术。但由于体育教学对学生掌握技能的情况没有实质性的评价标准，对体育教师的教学实效性也没有量化的要求，因此，学校对体育教师在运动技能教学成效方面缺乏一定的约束性，这也导致体育教师对于动作诊断与错误动作纠正技能的忽略，有的教师只关注预设的、实施的教学过程，而较少关注学生在运动技能学习方面的效果。因此，探讨体育教师动作诊断与错误动作纠正技能具有理论与实践方面的双重意义。

动作诊断与错误动作纠正由三个部分构成：一是观察发现。教学活动是双边的，体育教师主要的作用在于教会学生运动技能，而这个过程不是一蹴而就的，需要教师不断地给予学生指导。有效指导的前提是仔细观察，有的教师善于观察，很快就能发现学生学习过程中的错误动作；而有的教师却视而不见，应付了事。所以，仔细观察是诊断与纠正错误的基础，只有进行观察，才能发现学生在运动技能学习过程中存在的问题。二是分析成因。从整个过程来看，观察学生学习行为与发现问题虽然是一个重要环节，但我们不能停留在这个阶段，它只是提供了一个问题意识，接下来就需要对问题进行分析，找到问题出现的根源，只有这样，才能有的放矢。三是反馈指导。发现问题、找到成因，为解决问题做好前期准备，最后一个阶段就是寻找方法有效地解决问题。由于方法很多，不同的方法有不同的作用，同一个方法对于不同的学生其效果也各有不同，因此，选择合适的方法是纠正错误动作的关键所在，方法不到位，效果就难以体现。

在运用动作诊断与错误动作纠正方法时应实施以下几方面的技巧。

（1）根据情况，预计可能

教学预设性是教学的一个基本性质，体育教学也不例外。因此，体育教师在课堂教学之前要充分做好各项准备工作，其中备课是一项必需的任务。在备课过程中，为了提高运动技能教学的有效性，体育教师应针对本课运动技能的特点，做好学生可能出现错误动作的预计工作，进而做好解决问题的各种预备方案。而预计学生可能出现的错误动作的前提应该包含两方面：一是教材的性质与特点，如教材的难易程度、个人项目还是集体项目、力量型的还是技巧型的等。二是学生的特点，如学生的年龄、爱好、学习基础、身体素质等。

（2）通过手段，仔细诊断

"望闻问切"是中医学的常见手段，体育教学不同于中医诊断，但道理是一样的。由于体育教学的特殊性，学生的运动动作具有外显性、直观性，因此，体育教师首先要学会仔细观察，了解每一个学生在运动过程中的细节。其次，体育教师可以通过与学生进行交流的方式，了解学生的实际情况，这些交流信息有助于教师诊断问题。再次，体育教师还可以结合技术测量法、要素分析法等方法进行综合诊断，以提高运动技术诊断的准确性。

（3）把握重点，切脉根源

导致学生出现错误动作的原因有很多，可能是没有看清教师正确的示范动作，在大脑里没有建立较为清晰的运动表象；可能是对动作理解不到位，导致重点不清晰；可能是身体素质不好；可能是动作难度太大等。这就需要体育教师进行综合分析，抓住主要矛盾，把握原因的重点，才能击中要害，找到根源，"对症下药"。如学生在做前滚翻动作时出现了"侧倒"的现象，原因可能是多方面的：可能是双脚蹬地力量小，提不起臀部，所产生的反作用力不足以推动身体前滚；也可能是双脚蹬地后身体重心移至双臂时手臂软弱无力，无瞬间撑直过程，导致上体低头含胸时没有足够的时间和空间，只能使头顶触垫而导致侧倒。但只有二者兼具，才是"侧倒"的主要原因。蹬地用力而臂无力可能会导致抢脸或扭颈，臂撑直而蹬地无力则可能会产生头顶触垫、跪垫现象。能否发现导致问题产生的关键原因，在一定程度上体现了一个教师的真正水平。

（4）针对阶段，捕捉时机

纠正的时机很重要，时机晚了，很难纠正，时机早了，错误连连，无法着手。因此，我们应根据学生掌握运动技能的不同阶段捕捉纠正的时机。运动学习之初，学生的主要目的是体验运动的感觉，此时由于学生对运动技术的了解不多、理解不深，必定会出现较多的错误动作、多余动作。因此，此阶段对学生运动技术的要求不宜过高。在班级教学中对于学生共同出现的错误动作可以集中纠正，对于个别学生的问题，可以采用个别指导的方式进行。在运动技能掌握的第二阶段，即改进与提高阶段，学生神经系统与肌肉系统开始协调，出现的错误开始减少，这时教师对学生的要求应逐渐提高，特别是运动技术的关键环节与重点环节，应要求学生做好、做对、做准确。到了运动技能巩固阶段，重点则应是关注运动技术的细节，提高运动技术的质量。

（5）妙用手法，讲究实效

纠正学生错误动作的方法有很多，如教师示范法、语言提示法、正误对比法、声音刺激法、条件变换法、图表演示法、动作分解法、模仿练习法、助力阻力法、条件限制法等。这些方法并不一定适合每一个学生，因此，我们在选择方法时应主要从纠正错误动作的实效性出发，根据学生的不同情况、出现的不同错误区别对待。教师示范法可以帮助学生建立正确的运动表象；语言提示法、声音刺激法等可以提示学生在运动练习过程中的注意点；正误对比法可以让学生通过对比的方式区别正确的动作与错误的动作；条件变换法可以在降低难度条件下改进运动技术；助力阻力法可以通过教师的"手把手"式指导让学生体会肌肉用力的时机与空间位置；等等。如学生在立定跳中出现"膝关节不屈，重心降不下去，形成直膝跳的纠正方法有触胸跳、向上跳、障碍跳、台阶跳、跳皮筋等"，其中，"向上跳""障碍跳""台阶跳""跳皮筋"是一种条件限制法，"触胸跳"则是一种模仿练习法。

5.运动竞赛法

运动竞赛法是体育课堂教学中运用较多的一种教学方法，特别是在体育课堂优质课的评比中，该方法的使用频率很高，原因就是可以调节课堂气氛，把一节课的气氛推向高潮。的确，学生对于运动竞赛活动的热情是很高的，在群体活动中，同龄学生之间的较量与竞赛也是符合青少年身心特点的。但是在观看课堂竞赛活动时通常会发现竞赛活动与课的前半部分的运动技术教学相关。按教学设计常理分析，竞赛活动的内容应是前面的运动技术学习内容的延伸与巩固，也就是说，竞赛活动应把该课运动技术学习的成果通过竞赛的方式加以提高与巩固，但是该目的往往会在竞赛活动中成为泡影，因为学生忙于关注谁输谁赢，很少注意自己的运动技术，因此虽然课堂气氛升温了，但却牺牲了前期运动技术教学的成果，这样做有些得不偿失。鉴于此，本书在理论讨论的基础上，分析在课堂教学中运用运动竞赛法时应关注的一些事项。

有关运动竞赛的概念有不同的表述，如（狭义）体育比赛在各运动项目裁判员的主持下，依据各运动项目统一的规则，组织实施的运动员个体或运动队之间的以争取优胜为目的的竞技较量的总称。从教科书上也可以查找有关竞赛法的概念，就是在比赛条件下，组织学生进行练习的方法。该概念非常简单，看不出有何特别之处，但在提到运用竞赛法的注意事项时，我们或许可以看出些端倪：

（1）明确运用竞赛的目的。运用竞赛法时胜负并不是目的，而是为了更好地完成教学任务。因此无论是内容的确定、竞赛方式的选择、结果的证实都要服务服从于教学任务。

（2）合理配对与分组。为了充分调动所有学生的积极性，在运用竞赛法时，无论个人与个人比赛还是组与组比赛，都要注意学生的实力应均衡或创造均衡的条件。

（3）适时运用。由于采用竞赛法时，学生往往把注意力集中于竞赛的结果，而忽视动作过程与动作要求，进而可能导致错误动作的产生。

三个注意点事实上已经说明了运用竞赛法的关键问题，但是为什么在教学实践活动中却往往事与愿违呢？笔者认为，问题的核心还要从运动竞赛法的特点方面去寻找。

运动竞赛方法的最大特点是人与人之间的能力较量。要理解这个道理，我们需要从人的本质来思考。攻击性是人的本性之一，运动竞赛是缓解人类攻击性的一服良药。在长期的社会实践中人们发现，体育运动特别是竞技运动对于发泄人类的情绪、缓解人类的攻击行为有着特殊的作用，它是一个无硝烟的"战场"，在此可以不分种族肤色、地位尊卑、男女老少，均以平等、公正的机会共同参与，享受运动带来的快乐。这就是运动竞技的本质，也是人们喜欢运动比赛的根本原因。说明以上道理的目的就是为了证明一个不变的事实——学生的确非常喜欢体育竞赛，比一比、相互较量一下适合于任何年龄段的学生。就体育课堂教学而言，运动竞赛不仅是完成教学任务的一个很好的途径，也是调节课堂气氛的一剂良方；既是提高运动强度、锻炼身体的手段，更是缓解学习压力、改善学生心理环境的有力措施。

第六章　体育教学设计的革新与发展

良好的体育教学离不开前期进行的相关教学设计。合理的体育教学设计可以给体育教学的顺利进行提供保障。它是现代教学活动中运用系统、科学的方法发现、分析和解决各种教学过程中出现的问题，从而实现教学效果最优化的过程。现如今面对体育教学改革的势头，体育教学设计也要随之做出诸多适应性的改变与完善。因此，本章主要对体育教学设计的基本知识、评价以及相关改革与发展等内容进行讲解。

第一节　体育教学设计的基本理论

一、教学设计与体育教学设计

（一）教学设计

对于体育教学设计定义的归纳，首先要看一看教学设计的概念。目前学术界对教学设计定义的认识还没有达成一个认识，国内外主流的几种观点如下。

（1）外围学者对教学设计概念的描述。学者布里格斯（LeslieJ.Briggs）认为，教学设计是"分析学习需要和目标以形成民族学习需要的传送系统的全过程"；① 加涅（R.M.Gagne）则认为，"教学设计是一个系统化地规划教学系统的过程"；② 瑞达·瑞奇（Rita Richey）则认为教学设计是"为了便于学习各种大小不同的学科单元而对学习情景的发展、评价和保特进行详细规划的科学"。③

（2）我国学者对教学设计概念的描述。在我国，关于教学设计的概念描述主要有

---

① 加涅, 布里格斯 . 教学设计原理 [M]. 华东师范大学出版社 ,1999.

② 加涅, 布里格斯 . 教学设计原理 [M]. 华东师范大学出版社 ,1999.

③ Barbara,Seels.Theoretical and conceptual bases of instructional design. By Rita Richey[J].Educational Technology Research&Development, 1987, 35(1):57-59.DOI:10.1007/BF02769456.

两种观点，一种观点将教学设计看作是为了达到一定的教学目的，对教什么（课程、内容等）和怎么教（组织、方法传媒的使用等）进行设计的过程；另一种观点则认为教学设计是以获得优化的教学效果为目的，以学习理论、教学理论和传播理论为理论基础，运用系统方法分析教学问题、确定教学目标、建立解决教学问题的策略方案、试行解决方案、评价试行结果和修改解决方案的过程。

通过对上述国内外学者对教学设计概念的表述可以总结出，教学设计是在进行教学活动之前，由教学执行者（通常为教育管理部门）根据教学目标的要求，运用系统方法对教学活动要素进行分析和策划的过程。

（二）体育教学设计

在研究了教学设计的概念后，将之与体育教学的特点相结合，就可以大体确定体育教学设计的概念。体育教学设计，是指教学管理部门在体育教学活动之前，以系统的思想和科学的方法指导，结合与体育课程有关学科以及体育教学特点，制订的一种科学的、切实可行的体育教学实践操作方案。

二、体育教学设计的理论基础

要想顺利完成体育教学设计工作，首先就要拥有扎实的理论基础，使得设计工作能沿着正确的思路进行，最终获得预期的实用效果。对于体育教学设计来说，这个过程非常严谨、科学和系统，再加上与体育教学特点的结合以及考虑到多种体育教学要素的影响，这个过程有时甚至显得较为复杂。因此，在这种情况下，就更加需要教学设计者应用许多学科理论作为设计依据。

通过分析认为，与现代体育教学设计相关的理论很多，大多数体育教学设计的要素和方法都建立在这些理论基础上。具体来说，体育教学设计的理论基础主要包括系统理论、学习理论和教学理论三种。

（一）体育教学设计的系统理论

1. 系统理论概述

从"系统"这个词的词义上来说，"统"字意为多种元素的相关总和。美籍奥地利学者贝塔朗菲（L.V.Bertalanffy）是一般系统论的创始人，他所认为的系统是"相互作用的诸要素的复合体"。在系统论中，他认为万物都是在一种系统的形式下存在，人类所生存的自然界就是由不同层次的等级结构组成的开放系统，而在其中的客体也都是由诸要素以一定结构组成的具有相对功能的系统，这些客体处于不断运动之中。

系统的规模可大可小，应根据实际需要而定。例如，规格较为庞大的主体其所蕴含的系统自然较大，而较小的主体对应的系统也相对较小。不过，不论是大系统还是小系统，它的构成都应该满足下列三个条件。

（1）特定的环境。系统的存在需要一些能够满足系统存在的特定环境。只有在这种情况下，它才能在这个环境中发生作用。没有环境则没有系统。

（2）特定的元素。元素是构成系统的基本内容，这种元素被称为"必要要素"，这些必要要素之间并不是相互独立的，而是在彼此之间也有一些联系，各要素之间相互依存、相互制约，共同形成结构。

（3）特定的结构。系统之所以成为系统，是因为构成系统的各元素之间存在着一定的联系，元素之间没有联系，则不能构成系统。

完整的系统有其独到的特征，具体体现在以下六方面。

（1）系统的集合性。多种事物（子系统）集合为一个系统，因此可以说任何一个系统都不是单一存在的，而是由不同子系统组成的。

（2）系统的整体性。从系统整体往内部看，系统是不同要素的统一体，两个或多个可以相互区别、具有不同功能的要素根据逻辑统一性构成系统。要素的不同特点相加构成系统的功能，由此看来，系统的功能要大于各要素的功能之和。而从外部看系统，它只是一个整体，人们关注的是整体的功能与表现，并不会深挖其内部各要素的功能。这就是系统的整体性特征。

（3）系统的相关性。系统的相关性主要是描述了系统中各要素之间的关系。它们彼此相互联系、相互依赖、相互作用，共同为整体系统服务。

（4）系统的目的性。任何系统的存在都有其特定的目的，为了达到这一目的就要合理调配内部的系统功能。

（5）系统的反馈性。系统的存在并不是一件恒定的事物，系统从总体上看有一定的稳定性，但是，由于一切事物都是处在运动中的原理，使得系统为了保证自身的正常运行，必须要通过反馈自我调节，使自己处于一种相对稳定、平衡的状态。

（6）系统的适应性。系统要依托环境而存在，环境为系统提供一定的物质、能量要素；同时，系统还会受到环境的限制。由此可见，系统与外部环境之间存在着相互作用。因此，系统要不断适应外部环境的变化来维持自身的完整性和正常运转。

2. 系统理论对体育教学设计的支持

之所以系统理论被确定为体育教学设计的理论基础，关键就在于这一理论可以为体育教学设计提供较为系统的分析方法。系统整体性与系统内部的相关性均与体育教学设计的需要相吻合，使体育教师能以一种整体观去把握和进行体育教学设计。

根据系统理论的观点，可以将体育教学系统的构成划分为五个要素，每一个构成要素都是教学系统的一个子系统。具体如下。

（1）教学主体。这里的教学主体主要是体育教师。作为体育知识或技能的传授者，他们是教学活动中的重要人物。在体育教学中，教师群体就是一个集体，其中有带头人、骨干和助手等。教师作为个体，他需要掌握丰富的体育知识、运用技能、教学技巧以及主观努力程度等要素。

（2）教学对象。这里的教学对象是接受体育教学的学生。学生作为知识的学习者和接受者，是体育教学系统中必不可少的要素之一，如果没有学生，那么教师也就没有存在的必要，教学也就无从谈起了。

（3）教学内容。体育教学内容是多方面的。在学校体育教学中，体育教学内容主要通过教材的形式来表现。在体育教学实践中，教学内容是教师在体育教学中的主要内容，包括如体育与健康知识、体育和健康技能、提高学生社会适应能力、培养学生体育运动兴趣等。

（4）教学方法。教学方法是指教师和学生为达到体育教学目的和完成教学任务，所采取的方式、途径、手段、程序的总和。常见的体育教学方法主要有动作示范、教具和模型演示、多媒体演示阻力和助推力、讲解法、口令指示、间歇法、持续法、重复法、循环法、游戏法、比赛法等。可以概括为直观法、语言法和练习法。

（5）教学手段。教学手段是指师生在体育教学过程中交换信息时承载和传递信息的工具。传统体育教学手段主要包含语言、文字、动作示范等。随着科学技术的发展，越来越多的载体被体育教学所运用，如视频、电影、电脑模拟和数据分析等。

体育教学系统的各个子系统是相互联系、相辅相成、有机统一的，他们在体育教学目标的支配下共同发生作用，缺一不可。总之，构成体育教学系统的各个子系统的构成要素的素质和结构决定了体育教学系统的整体功能和主要特点。

（二）体育教学设计的学习理论

1. 学习理论概论

学习理论是研究人类学习行为、阐述学习基本规律的理论学说。它主要研究的对象为人类学习的本质及其形成的机制。从现代科学划分来看，它属于心理学理论研究的范畴。学习理论强调的学习泛指有机体因经验而发生的行为变化。

现代学习理论主要有三大学派，即行为主义学派、认知主义学派和人本主义学派。不同学派对学习的性质有不同的理解和认识：行为主义的学习理论强调学习刺激与反应的联结，主张通过强化和模仿来形成和改变行为；认知主义的学习理论强调学习是认知结构的建立与组织的过程，重视整体性和发展式学习；人本主义的学习理论讲到，学习是发挥人的潜能、实现人的价值的过程，要求学生愉快地、创造性地学习。

行为主义心理学家认为，学习是"由经验引起的行为相对持久的变化"；认知心理学家认为，学习是人自发的某种倾向性变化，且这种变化要保持一定时期以及不能仅仅是由于生存的需要；人本主义者认为，学习应"以学习者为中心"，重视学生潜力的发展和自学能力的发展。

2. 学习理论对体育教学设计的支持

学生是体育教学的客体，教学目标也是以学生获得知识或掌握技能的水平作为评定标准的。因此，体育教学的设计也必须要以尊重学生、重视学生的体育学习需求为基本，遵循学习的基本规律。因此，学习理论是学校体育教学设计的重要理论基础之一。

结合学习理论的基本原理，体育教学设计应根据学生的体育学习需要，确定学校体育的教学目标、教学策略、实施方案和教学媒体，充分发挥体育教学的教育功能，提高体育教学质量，促进学生身心的全面发展。

学习理论主要有行为主义、认知主义和人本主义三大学派，不同学派对体育教学设计的支持具体如下。

（1）行为主义学派对体育教学设计的支持主要体现在它重视对学生作业的分析、对教材逻辑顺序的研究以及对学生行为目标的分析。在此基础上，它还会考虑一些教学中更为复杂的因素，从而优中择优，力求设计最优教学策略。此外，行为主义学派支持下的体育教学设计还强调及时对教学做出客观的评价，如此循环往复，获得正确的反馈以使程序设计更符合逻辑性，为体育教学设计的分析、设计和评价提供必要的理论基础。

（2）认知主义学派对体育教学设计的支持主要体现在以下几方面。一是在体育教学设计中教师应重视学生特征对教学的影响，重视对体育教材内容的研究，并在充分研究了教材与学生实际情况后做两者之间的协调，以期能够更具针对性地使学生顺利接受教材内容；第二是教师对教学设计模式、教学方法和手段的选择，以达到以学生在原有体育知识，以及认知结构的基础上，顺利完成对新知识和技能的同化和认知结构的重新构建，提高学生学习体育的积极性和主动性，促进学生全面发展的目的。

（3）人本主义学派对体育教学设计的支持主要体现在教学实践中充分挖掘学生的潜能、激发学生的主观思考意识，使学生能够在体育教学中真正获得快乐。人本主义在现代体育教学中的直观展现就是"以人为本"的体育教学原则，这对于体育教学设计来说也是要遵循的原则之一。由此使得在体育教学设计实践中，管理部门或体育教师必须重视对学生学习需要以及学习兴趣的分析，重视对体育教学策略和学校体育教学过程的分析，培养学生对体育学习的积极情感和良好动机，变"要我学"为"我要学"，使学生通过体育学习获得对自己有价值、有意义的体育与健康的知识和技能。

（三）体育教学设计的教学理论

1. 教学理论概述

教学理论可谓是体育教学的本体理论，它是研究教学行为的本质和一般性的教学规律的学科。教学理论的主要研究内容是通过规律性的认识来确定优化学习的各种教学条件与方法，进而解决教学行为中教的内容、教的方法以及教的行为结束后学生获得教学信息的结果等。

国内外在较长一段时间内都有关于教学理论的研究。例如，我国孔子的"学而不思则罔，思而不学则殆"（《论语　为政》）、"循序渐进"（《论语　宪问》）、"举一反三"（《论语　述而》）、"因材施教"（《论语　先进》）、"循循善诱"（《论语　子罕》）等儒家教学思想；近现代时期，蔡元培、陶行知等倡导教学要重视发展儿童的个性、发挥儿童主观能动性的教育思想，都是比较实用的教学理论。国外教学理论经历了萌芽时期、近代形成期、现代发展期三个时期等。

古今中外教学理论的研究和发展，对现代学校体育教学设计具有重要的指导作用。概括来讲，教学理论的研究对象和范畴主要包括以下几方面。

（1）教学本质。解释教学过程的影响因素、组成结构及规律。

（2）教学价值、教学目的和教学目标。探讨教学目的、教学目的的制定依据以及教学活动的关系。

（3）教学内容。分析教师、学生与教学内容的关系，科学选择、调整和合理编排教学内容。

（4）教学模式、教学原则和教学组织形式，重点研究教学的手段和方法。

（5）教学评价。主要包括教学评价的标准、要求、手段和反馈。

2. 教学理论对体育教学设计的支持

教学理论对体育教学设计的支持主要在于作为教学理论与教学实践之间的一座桥

梁，体育教学设计需要设计者通过对教学理论研究的对象和范畴等的认识及其相互之间的关系分析，完成体育教学设计。而教学理论刚好能够合理解释其中遇到的种种问题。在体育教学实践中，教学设计是科学解决体育教学问题、提出解决方法的过程，它以教学理论为基础，结合体育教学设计的各项要素如体育教学指导思想、体育教学目标、体育教学方法、体育教学活动程序、体育教学组织形式、学校体育教学媒体等进行体育教学设计。

三、体育教学设计的特点

教学设计在加入了体育教学的特点和诸多要素外，便具有其区别于其他教学设计的特点。教学设计在与体育教学相结合后，形成的特点主要有超前性、差距性和创造性。

（一）超前性

体育教学设计的概念已经表达出它的超前性特征，即体育教学设计要在体育教学开始前完成，有些甚至要早早完成设计环节的多项工作，此后便有专门部门对设计成果进行评估，甚至是实验。因此，体育教学设计是一种对教学活动中可能出现的一切问题和情况进行的预测。

在体育教学实践中，"体育教学设计在前，体育教学在后"，也就是说，体育教师应该在上体育课前先设计出该体育课的教学方案。从本质上讲，教学设计只是体育教学活动的一种设想和预测，它是对即将进行的体育教学中可能产生的问题进行分析，并根据体育教育、教学理论和学生的学习要求针对教学活动中可能发生的问题提出解决方法的一种构想，是体育教学在进行体育教学之前对体育教学所做的安排或策划。因此，体育教学设计具有一定的超前性。

（二）差距性

体育教学囊括的要素较多，在教学活动开始后，不管是课时教学还是周教学、月教学、学期教学，都会与先前计划的内容有所偏离。事实上，体育教学设计本身就是一种对未来教学实施方案的构想，它依据多种可能的因素预估而成，体育教学的"变数"使得体育教学设计难免会和体育教学实践之间存在一定的差距。

鉴于这种特点，就需要体育教师在教学中根据实际教学情况不断对教学计划进行调整和弥补。主要表现在以下两方面。一方面，体育教学设计是以体育与健康课程理念为基础,以学生的体育学习需要为基础,对体育教学实践具有指导意义;另一方面,体育教学过程的复杂性和多变性使得在实际的教学过程中很可能会出现这样或那样的问题,教师在体育教学设计中有可能考虑不周全,体育教学设计者对体育教学中可能出现问题的理解、对现有条件的分析、所采取的解决问题的方法等不能全面概括教学实践。

(三)创造性

现代体育教学目标的多元化、体育教材的多功能性、体育教学方法和手段的多样性以及这些要素之间复杂的关系,决定了体育教学过程具有复杂性和不确定性的特点。因此,现代体育教学是动态的、非线性的、复杂的,体育教师在教学活动之前想完全控制和使之按照既定的计划发生、发展是不现实的。尽管体育教学设计要依据现有实际情况进行,但是为了体育教学发展的需要,在进行教学设计的过程中还要有意识地做出一些富有创造性的设计。

教学活动经常变化在过往的教育理念中是一种大忌。而现代体育教学设计则认为,体育教学拥有一定的变化特性并非缺点,这与体育教学的本质相关联,为体育教学设计提供了创造性地设计教学的开放空间。因此,体育教学过程就是发展学生创造能力的过程,体育教学设计过程就是培养教师的创新精神的过程。

在体育教学实践中,体育教师创造性地解决教学过程的问题的能力,对培养和提高学生的创新意识和创新能力具有重要意义。体育教师要具备一定的创新性和创造能力,必须具备一定的文化基础知识和较扎实的专业知识,具备主动适应基础教育的意识与能力,具备创造性的想象力和创造性的思维,才能设计、创造出多元、有效的体育教学方案。

第二节　体育教学设计的现状

一、体育教学设计的现状

高校是我国最高等级的人才教育培养基地。正是凭此优势使得高校在与教育有关的多个领域都具有示范性和带头性的特点,对于体育教学设计来讲也是如此。因此,对于体育教学涉及现状问题的研究,就主要以我国高校为例开展。

从目前来看，尽管我国在极力推进体育教育改革，但是大部分高校的体育教学仍旧以传统体育教学理论、模式和实践为主，迅速抛弃传统的体育教学方法并不是短时间内可以达到的目标。另外，在体育教学设计方面，为了达到教学目的，以一线体育教师为例，采取的准备工作可以概括为"两备一写"，即备教材、备教法和写教案。而从教学模式上来说，大多数高校体育教学内容为某项竞技项目，模式较为传统，对于教学的反馈也是以较为传统的"两率"，即达标率、优秀率来评价。如此单调、古板的模式，再加上枯燥的量化评定标准，自然会让学生逐渐失去对体育教学的兴趣。这种情况显然与现代越发强调"以人为本"的教学理念相违背。从实际效果上来看也难以塑造学生体育学习的兴趣和能力，无法达到全面教育的目的，更不要提培养学生的终身体育意识了。

在研究体育教学设计的现状过程中，还发现了诸多影响教学设计工作的问题。随着体育教学改革的不断深入，这些问题给体育教学设计带来的矛盾越发凸显。因此，为了获得最佳的体育教学设计效果，就必须首先洞悉问题所在，并排除问题或将问题的影响程度降至最低。这些问题具体如下。

（1）体育教学内容分配不平衡。体育教学内容的分配不平衡主要体现在现代学校在体育教学中过于注重对竞技体育项目技能的教学，连同最终的考核也主要以对运动技能量化标准的形式进行。如此就使得一些诸如体育理论知识和运动意识培养方面的教学占据次等地位。例如，传统的田径运动普遍被用来作为体育教学的内容，具体包括短跑、长跑和跳远，在学期末考核中的指标也就是完成跑步的用时和跳跃的最远距离。尽管在体育教学改革后，一些高校出现了自主选择式教学模式，如乒乓球、羽毛球、足球等项目供学生选择，但课程中仍旧以对相应项目的技战术能力的培养为主。从整体上来看，这对于改变教学内容的分配方面与当初的田径教学没有本质上的差别，改变的只有运动项目，仍旧缺乏系统的理论知识的传授。这定会导致我国大学生体育理论知识普遍较匮乏，不能形成规律的锻炼日程，不利于学生的身体素质整体提高。

（2）教学方法与手段单一。随着科学技术的发展，现代体育教学手段的丰富程度与过去相比已经是天壤之别。从理论上来说，现代体育教学方法与手段显然更加丰富一些，然而从实际当中来看，大多数体育教学过程中体育教师仍旧更青睐选择最为便捷和方便的语言法和示范法进行教学。传统的教学方法与手段之所以能够延续至今，一定有它的优势，我们并不是批评传统教学方法与手段的不利，时代在变化，学生的需求也在逐渐提升，而一贯地使用这种方法会使学生在教学活动中产生出一种被动的接受感觉，学生的主动性、创造性得不到有效的发挥，其学习热情无法主动释放，无法体会到从体验到运动的快乐和成就感，缺乏被引导到自主学习的机制中。

（3）教学安排局限性较强。进入 21 世纪后，信息社会的高速发展使得全球信息快速传递，这使得许多国际上较为流行的如瑜伽、拓展运动等体育运动传入我国并被更多人所知晓。学生作为对新鲜事物较为青睐的群体，无疑对新型体育运动表现出更多兴趣。但是就目前我国高校体育教学的安排来看，仍旧过多依赖课堂授课，场地也基本局限于篮球场、足球场等场所，这显然无法满足大学生对运动范围扩大的要求，更不要提新颖的体育运动项目了。在课堂教学中，教师的主导地位仍是大多数体育教学的共识，尽管学生这一教学主体的自主性越发加强，但与预期还相差甚远。教学安排的局限性导致体育教学课程的单一、授课方式的呆板，更使得教师安于现状、不求思索，在体育课程备课和实施教学中固守教材和大纲，缺乏创新。

二、体育教学设计的发展

（一）体育教学设计的发展要点

1. 体育教学设计遵循"以人为本"的原则

"以人为本"作为体育教学的原则之一，不仅对体育教学活动起到作用，还对与体育教学相关的一切事物有指导作用，体育教学设计也是其中一项。

遵循以人为本原则开展的体育教学设计工作必定会在设计中关注人文精神在体育教学中的存在意义，使得体育教学不仅仅是一个领域的知识或技能的培养这么简单，而是要成为培养人的良好生活习惯和健全人格的教育行为。

过于注重传授体育知识或技能的教学设计不免太过简单粗暴，是一种"重教轻育"的行为。我国体育教学长期延续这种理念，不过在新时代下，特别是对素质教育的重新定义后，体育育人的关键在于"育"，而学习运动技术或知识只是育人的一个载体。因此，体育教育工作者应坚持"以学生为本"进行教学设计，在课堂教学中多引入丰富多彩的群众体育形式，不断丰富大学体育课程的教学资源，致力于构建以"运动计划能力"和"身体素质"为核心的体育课程评价指标体系，不断促进大学体育教学的发展。

2. 在体育教学设计中加入现代教育技术

时至今日，社会已经迈入了现代化信息时代，支撑信息传输的媒介就是电子计算机和互联网，凭此契机，多媒体技术的发展也日新月异。这些技术手段的不断翻新为高校体育课程的教学设计提供了强有力的技术支持，有形中为高校体育教学工作注入了新的活力。

现代教育技术在体育教学设计中的应用主要体现在辅助和支持作用上，以此为高校学生自主学习体育课程，进行个性化发展搭建网络信息平台。多媒体教室的建立以及将便携的多媒体终端带到各种教学场所，更展现了现代教育技术在实践中较强的适应能力。另外，体育教师紧随潮流，激励自身学习的行为，掌握多媒体设备和软件制作等能力，制作出生动有趣的、个性化的课件对学生进行理论知识的讲授，结合模拟运动教学，丰富体育课程的教学方法。

3．体育教学设计要注重对学生"终身体育"意识的培养

"终身体育"是现代体育教学的目标之一，这一目标也符合素质教育的要求。因此，在体育教学设计中要将"终身体育"的培养理念融入进来，最终以通过向学生传授体育知识、运功技巧、技能以及方法等教学行为使学生清楚地知道，一个健康的身体对人的一生幸福生活的重要意义。为此，要力求建立有利于形成终身体育的项目自主选择机制和教学模式，注重引导和培养学生"终身教育"意识，并通过多种形式巩固教学成果。

（二）体育教学设计的发展趋势

体育教学设计处在不断地发展之中，国内外教育领域均对此有较多关注。纵观现代体育教学设计的现状与发展方向，可以想见未来体育教学设计的发展趋势，具体如下。

1．教学设计越发注重跨学科研究与跨领域应用

现代的学科研究几乎不存在单一领域单一研究的情况了，更多的则是相关多领域的共同合作研究。这种跨学科共同研究的趋势也在体育教学设计的研究中出现。

目前，对于体育教学设计研究的关注点在于当代的学习理论本体论和认识论基础完全不同于传统教学设计的客观主义基础。由此就使得在对"以人为本"的教学理念的研究中更加关注问题始发、项目始发以及探究式的学习环境，还有认知学徒方式、建构主义学习环境、基于目标的情境等。

除跨学科研究外，体育教学设计的应用范围也更加广阔。首先应该明确的是教学设计是一种有效设计和制造学习环境的方法，其产生的目的在于加强学生参与教学活动时学习环境的形成。所以，体育教学设计的过程使用到了诸多（如测量和管理等）技术和知识。这种持续发展是教学设计领域内外一系列推动和发展的结果。

2．教学设计越发注重技术与教育理念的结合

技术与理念之间是相辅相成的关系，两者互相促进。对体育教学设计来说也是如此，如若没有先进的技术，教育理论很难被推动前行，而教育理论若发展到一定高度，势必又会带动相应的技术发展。

至此可以看出，教学设计的变化来自技术对教学内容和方法的影响。在此情况下，教学设计如果没有达到特定程度，技术就不会在本质上自动改进教育。一些最有魅力的技术应用拓展了可以呈现的问题本质和可以被评估的知识和认知进程。技术提供的新能力包括了直接跟踪和支撑问题解决技能、建模和模拟复杂推理任务等。除此之外，技术还可以对概念组织和学生知识结构的其他方面进行数据收集，使得他们参与讨论和小组项目的表征成为可能。这些都是教学设计开始逐渐注重技术与教学理念结合的发展趋势表现。

3．教学设计越发注重对学习环境的构建

学习环境是开展教学活动的另类载体。学习环境分为有形和无形两种，有形体育教学环境包括场地、体育器材等；无形体育教学环境包括体育教学软实力、教学氛围以及校园体育文化等。现代教育学认为，学习已经不再像过往那样单纯只是对知识的传输或接受的过程，而是已经将学习的行为认定为需要有强大的意志性、意图性、自主性的建构实践。知识和技能的获得需要在个体运用知识和技能的"情境"中得到，因此，为了获得所需知识或技能，就需要为这一目标创建与之相适应的环境。

4．教学设计越发注重评估理念和方法

教学理念是指导教学行为的基础，而教学方法是实现教学目标的途径。因此，这两个因素必定是未来教学设计要关注的重点，进而对于教学设计的评估也要关注这些内容的评估。

具体来说，教学设计将会把个体差异的分析、社会文化差异的分析、对学生学习需求的分析、信息和方法的结构分析作为评估的重要内容，而将信息技术选为评估工具。评估需要超越对局部技能和离散的知识点的关注，而要把推动学生进步的更复杂的方面包含进来，具体主要为对元素认知的评估、对实践和反馈的评估、对"情境"与迁移的评估、对社会文化大环境的评估等。

第三节　体育教学设计的改革与发展

一、以学习主体为依据的体育教学设计改革

（一）起点能力分析

学生的学习起点能力与体育学习内容息息相关，因此体育教学设计的改革也要关注学生学习起点能力的问题，否则将很容易导致所设计的体育教学内容脱离学生学习的实际。如果设计的起点过高，依靠学生自身的努力便很难达到，如此一来会重挫学生参与体育教学的积极性，但如果这个起点定得太低，让学生有一种很容易就能达标的心理，其结果也是适得其反的。因此准确地确定学生的起点能力，对于教学设计来说是很重要的。

1. 学生知识起点能力的分析

分析学生知识起点能力，主要是判断学生原来具有的知识结构的状态。认知结构指"学生现有知识的数量、清晰度和组织方式，它是由学生眼下能回想出的事实、概念、命题、理论等构成的"。学生的认知结构是影响体育课堂教学中意义接受的最重要的因素，学生把自己的认知结构与教学内容联系起来，就会产生巨大的作用。也就是说，要促进新知识的学习，就需要学生认知结构与新知识的有关联系。因而，了解学生的原有认知结构，分析学生知识起点能力非常重要。美国学者约瑟夫 D.诺瓦克提供一种绘制"概念图"的判断学生认知结构的方法。"概念图"是一种知识结构的表现方式，知识被视为由各种概念和这些概念所形成的各种关系。每个学生自身的实际情况不同，绘制的概念图也不相同，而体育教学就是不断完善这个概念图的过程。描述概念图的步骤主要由以下几项构成。

第一步，让学生确定已经掌握的内容中所有有关的概念，依据自己的体育知识内容列出概念一览表。

第二步，将列出的概念符号排序，从最广泛、最一般的概念开始排列，直到最具体、最狭窄的概念为止。

第三步，按金字塔结构排列所列的概念，顶端是一般的概念，具体的概念放在较低层次上。

第四步，分析确定各概念之间的关系。要在每一对概念间画一条线，并选定符号来表示两概念的关系。

第五步，在图中找出不同部分概念之间的关系，图上标出交叉的连接线。

第六步，学习一段时间重新考虑和绘制概念图。

2. 学生技能起点能力的分析

学生技能起点能力分析判断常用"技能先决条件"的分析方法，由加涅和布里格斯等人提出。"技能先决条件"法从终点能力着手，逐步分析终点能力所需要的从属知识和技能，分析到能够判断从属技能确实被所掌握为止。体育教学设计可通过学生能否完成这些最简单的技能来判断学生技能起点能力水平。另外，也可以通过测试了解学生的掌握程度，据此确定学生技能起点水平。

3. 学生态度起点的分析

态度是指特定情况下以特定方式反映的内部准备状态，受到情感、认知和行为倾向各成分之间关系的影响，往往表现为喜爱与厌恶、趋向与回避、接受与排斥等，是"习得的、影响个人对特定对象做出行为选择的有组织的内部准备状态或反应的倾向性"。态度包括情感成分、认知成分、行为倾向成分三方面。情感成分则与伴随于概念或命题的情绪或情感有关，被认为是态度的核心部分；认知成分与表达情境和态度对象之间关系的概念或命题有关；行为倾向成分与行为的预先安排或准备有关。

（二）一般特点分析

学生的起点能力对体育教学将产生直接的影响，而一般特点则将产生间接的影响。学生的一般特点可以通过认知发展阶段学说来分析。皮亚杰把儿童的心理发展分四个阶段。

1. 感觉运动阶段

感觉运动阶段属于第一阶段，它是指感觉运动阶段。一般来说，这个阶段是 0~2 岁婴幼儿感觉和运动协调发展的阶段。

2. 前运算阶段

前运算阶段属于第二阶段，在这一发展阶段中，主要指 2~7 岁儿童，其头脑中有事物表象，且能够用一定的词代表头脑中的表象。这一阶段的学生能够进行初级的想象，可以理解运用初级概念及其相互之间的关系。这一阶段的学生能设想过去和未来的事物，能进行直觉思维和半逻辑思维。

3．具体运算阶段

具体运算阶段属于第三阶段，这一发展阶段主要是 7~12 岁的儿童学生。这时，其思维会发生质的变化。与前运算阶段单凭知觉表象考虑问题不同，具体运算阶段能进行逻辑推理或逻辑转换。处在这时期的儿童学生只是通过具体的材料或客体来进行推理或转换，需要实际经验和具体的形象为基础，并不是抽象的命题。

4．形式运算阶段

形式运算阶段属于第四阶段，是指形式运算阶段，主要是 12~15 岁年龄段的学生。儿童日趋成熟，认知发展从具体向抽象过渡，逐渐摆脱具体实验支持，能够理解并使用相互关联的抽象概念。

体育教学设计中，儿童认知发展阶段学说有重要意义。儿童认知最主要的变化为从具体认知向抽象认知的过渡，这就决定着各个年龄段学生体育学习内容的选择和体育教学方法的采用。对于处在各个认知发展阶段的学生进行体育教学设计，必须将具体的事物作为认识抽象事物的基础，按照这样的思想来进行体育教学设计，引导学生的思维逐渐向抽象的逻辑思维过渡。

（三）学习风格分析

学生的学习需要通过自己接收、处理信息，并做出反馈。如果接受信息和处理信息速度不同，反馈方式也就不相同。比如，同一个知识内容，有的学生只要五分钟就能掌握，而有的学生却需要 10 分钟。学生学习，在本质上是有差异的，有的学生动手能力强，有的学生善于思考，那么在教学的时候，就应该个别化地进行体育教学，给每个学生设计适合其特点的学习规划，这正是现代教育所追求的也是体育教学所追求的。引起学生学习存在差异的原因有很多，学习风格占有极为重要的比重。学习风格"是个人喜好掌握的信息和加工信息的方式"，是"心智加工个性化的一般行为倾向，它是智力的个性特征"。总而言之，学习风格是个体灵活的喜好、习惯或个性特征。也就是说，体育教学设计要符合学生的特点，就需要对学生进行学习特征测验，学习风格则是学生所具有的特征的重要组成部分。为体育教学设计能适应学生各自的特点，需要了解学生的学习风格。有关学生的学习风格可以从以下几方面来把握。

1．社会性需求

（1）喜欢与同龄学生一起学习。

（2）喜欢向同龄同学学习。

（3）需要得到同龄同学经常的赞同。

2．感情的需求

（1）能自动激发动机。

（2）具有负责精神。

（3）能坚持不懈。

（4）需要经常受到鼓励和安慰。

3．感知或接受刺激所用的感官

（1）喜欢听觉刺激学习。

（2）通过动态视觉刺激学习效果最佳。

（3）喜欢多种刺激同时作用的学习。

（4）喜欢从印刷材料中学习。

4．信息加工的风格

（1）喜欢自定步调。

（2）喜欢在训练中有大量正面强化手段。

（3）用归纳法展示内容时，学习效果最佳。

（4）喜欢高冗余度。

（5）喜欢通过触觉和动手活动学习。

（6）喜欢使用训练材料主动学习。

5．环境和情绪的需求

（1）喜欢零食。

（2）喜欢弱光、低反差。

（3）喜欢安静。

（4）喜欢一定的室温。

（5）希望有背景声音和音乐。

（6）喜欢视觉上的隔离状态。

（7）喜欢四处走动。

二、以学习需要为依据的体育教学设计改革

学生的学习需要也是体育教学设计改革需要关注的问题。在开展体育教学设计改革之前，相关人员务必要深入到体育教学实践当中，并且与一线体育教师有深刻的交流，以便真切地了解教学中存在的问题。如果这个了解过程简单、粗略，那么即便教学设计改革多么卓有成效，其最终结果也必定是脱离教学实际需要的。

目前在体育教学工作中人们的固定思维主要是过于注重在方法、形式以及宣传上下功夫，至于体育教学目标是否符合客观的实际需要方面，很少被考虑到，很少听取学生的意见。在现在和未来的体育教学设计改革中，这仍旧是需要着重解决的问题之一。由此可见，对体育教学设计的学习需要分析是非常有必要的。

（一）学习需要的概念

学习需要，是指学生在学习领域中的现在水平与预期水平之间的差。这一定义刚好为教学提供了目标，即可以认为学生的学习需要就是教学的目标，当然教学目标的内容不仅仅如此，它还包含更多的内容与预期。另外，从需求的角度来说，既作为学习需要，那么就表现出学生的"学"的情绪更高，而教师的"教"只是为学生的"学"提供某种信息传输上的支持。

对学生学习需要进行分析，主要是指在充分的调查研究基础之上，发现在教学过程中存在的问题并分析其性质，论证解决该问题的必要性和可行性的过程，其核心在于了解问题，具体来说主要目的有如下四方面。

（1）在体育教学的学习中发现学生可能会出现的问题以及已经存在的问题。

（2）细致分析原因，力求在体育教学设计时预先确定几种解决问题的方案。

（3）分析优势与不足，论证解决问题的可能性。

（4）分析关键问题的重要性，力争在有条不紊的节奏中有秩序地优先解决的体育教学设计课题。

（二）学习需要的类型分析

1. 标准的需要

标准的需要，是指个体或集体在某方面的现状与既定标准比较而显示出来的差距。国家各种类型的标准测试便是既定标准。

标准的需要可以通过下面三步来确定。

（1）获取标准。如《义务教育体育与健康课程标准》《体育教学大纲》《国家体育锻炼标准》《中考标准及分数线》等。

（2）收集对象与标准相比较的资料和数据。

（3）比较后确定标准需要。

2. 比较的需要

比较的需要，是指同类个体或集体通过相互比较而显示出来的差距。

比较的需要可以通过下面四步来确定。

（1）确定比较的事物是什么，如是比较体育考核成绩还是学生对运动的掌握程度等。

（2）收集比较对象和参照对象的相关资料和数据。

（3）比较确定两者之间的差距，并做详细记录。

（4）为了确定是否满足这种需要，还需要分析判断这种需要的重要程度。

3．感到的需要

感到的需要，是指个体认为的需要。它是个体必须改进自己的行为或某个对象行为的需要和渴望，其显示的是行为或技能水平与渴望达到的行为或技能水平之间的差距。体育教学设计要明确并改进与行为有关的需要和由于某种渴望而激发的需要之间的区别。

4．表达的需要

表达的需要，是指个体把感受到的需要表达出来的一种愿望。这一需要，人们往往愿意尽力满足。确定表达的需要，要收集资料和数据。可采用方法有问卷调查、面谈、填写登记表、座谈等。另外，是否满足表达的需要，体育教学设计还要做出价值判断。

5．预期的需要

预期的需要，是指以考虑学习后将要达到的学习效果为主的愿望。与之相比，过往长期的体育教学设计通常更多考虑现实的需要。因此，在体育教学设计改革中要特别注重对预期需要的设计，它是体育教学设计的重要组成部分。

6．危机事件的需要

危机事件的需要在现代大部分教学设计中都较少出现，或者并没有将这部分内容当作主要教学项目，经常只是一语带过式的点到为止。然而，在体育教学中设计一些处理危机事件的教学内容也是非常恰当的，如如何在火灾、地震等多种自然灾害中脱身或增加生存的概率等。

（三）学习需要分析应注意的问题

在学习需要分析中需要对多方面问题予以关注，如果忽视了如下问题，则可能导致对学习需要分析的不全面。下面对此做一些简单的探讨。

1．起点的分析正确与否

体育教学是在学生一定起点的基础上进行的，所以分析、掌握学生的起点非常重要。体育教师在学生学习新知识、技术技能前，一定要分析其知识技能准备情况，并且要在体育教学中组织复习，以旧引新，加强新旧知识技能的联系，将新知识技能纳入学生的原有知识技能的结构中。

2．所采用教学策略有效与否

体育教师上课前应该精心策划安排课型、体育教学程序、体育教学形式，确定体育教学活动、使用的体育教学方法，采用有效的教学策略。教师采用的教学策略有效使用，才能够取得良好的教学效果，完成体育教学目标。

3．所用教学手段有效与否

学生的个体学习是存在差异的，但是绝大多数不会存在学习能力的高低问题。在体育教学中，多数学生能达标；而在某些情况下，有相当部分的学生不能达标。出现这样的情况就要考虑教学手段是否有问题，是否需要改变教学手段。

4．体育学习内容难易情况

体育学习内容应该随着年级增高而逐步加大难度。体育教学中，体育教学内容的难易情况往往和教师传授的方式有关。体育教师教学应该做到化难为易、化繁为简、化深为浅，这样学生也可以掌握较难的体育学习内容。

5．达到体育教学目标与否

体育教师在确定体育教学目标时，要根据学生的实际情况、体育教学大纲的规定和体育与健康课程标准的要求三方面来定。因而，要找出学生与教学目标之间的差距。寻找差距可以通过听课、对学生运动技能评估来进行。大多数学生达标，说明体育教学目标符合实际。

6．学生在体育教学的学习上获得成功与否

体育教学要使学生在体育教学的学习中获得成功，这是重要的教学任务。学生在学习上获得成功，心理上就会产生愉悦感，从而使得学习兴趣得到提高，增强学习动力，增加学习信心。这样学生学习就有内在动力，也就是能动性，这对终身体育会产生巨大的作用。因此，体育教师分析学习需要时，要看重学生在教学中是否获得成功。

三、从新课程改革视域对中学体育教学设计的创新化改革

通过对当前高校体育教学现状的分析，可以发现存在的诸多问题，只有对存在的问题进行改善和解决，才能更好地落实新课程改革对高校体育提出的要求，才能提高中学生的全面素质，因此，中学体育教学的创新已经势在必行。下面从新课程改革视域对高校体育教学的创新设计进行分析。

（一）确定学生的主体地位，提高学生的体育技能

创新是一个民族的希望，也是一个国家的希望。创新为社会带来生机，注入了活力，也为国家拥有国际竞争创造了条件。高校体育教学的创新是高校体育实现可持续发展、富有生命力的保障，也是体育教育的重要内容。通过体育教学的创新设计，开阔了学生学习和活动的空间，为学生提供了思维活跃、发展的机会。根据新课程改革的视域所创新的体育教学模式，要将学生放在主体地位，充分发挥和挖掘学生的潜力，建立良好的师生互动关系，提高学生对体育课程学习的兴趣，以获得更好的体育学习能力。教师要根据学生身心发展和兴趣爱好设计出可行的教学方案，然后根据自己的兴趣和爱好选择想要学习的内容，以学生自学为主线，教师加以正确的指导，让学生自觉融入体育学习中去。同时教师在教学中要有足够的教学耐心和热情，切实帮助学生提高体育技能。

（二）创设良好的学习环境，营造轻松的学习氛围

学生在良好的学习环境中能够产生学习的欲望，保持心情的愉悦，从而更好地投入到体育学习中去。教师要积极改变过去沉闷的教学氛围，与学生进行积极互动和交流，同时让学生之间也要建立良好的互动关系。例如，在球类教学中，教师可以请专业的运动员来给学生做出正确的示范，或者利用一节课让学生观看相关视频，当学生观看真人示范或者视频后会对所学内容有很大的热情，从而激发学生对所学习球类的学习欲望，也能够更加积极规范地去学习。学生在学习中需要得到教师的鼓励和肯定，教师要做出合适的激励，以保持学生对体育学习的兴趣，体育训练是个辛苦的过程，学生从一无所知到熟能生巧需要付出很大的努力，会伴随各种突发问题，而且在体育训练中学生也比较容易情绪化，就需要教师用自身的能力去营造一个良好的、积极的学习氛围，让学生在轻松的环境中平心静气，投入到体育训练中。教师要给予学生鼓励，用自己的耐心和热情填补学生的情绪，不断进行引导和指导，让学生拥有继续学习的信心，拥有面对困难的决心，从而在学习中真正获得体育技能，促进身心的发展。

（三）选取有效的辅导方案和教学内容

新课程改革的目标提出，体育教学要将学生放在主体地位，教师进行辅助教学，让学生在自主学习中获得更多的知识和技能。因此新课程改革的视域下，要调动学生的学习积极性，教学内容能够满足学生生理和心理需要，让学生在体育训练中获得更

多的乐趣，从而与"健康第一"的理念相符合。在体育课堂上可以引用一些小游戏，既满足课前准备活动的要求，又能够调动学生的学习兴趣和积极性。让学生在有限的教学空间不断去探索、去创新、去想象，让课堂与学生的生活更加贴近。新课程改革视域下创新的体育教学，内容要多样化和多元化，每节课可以安排 3~5 个学习项目，但是每个项目的时间要把握好，不适宜过长，而且教学要紧凑，即便是同一种教学内容，也可以从不同的角度去思考，以创新出更多的教学方式。

1. 对教材的处理要灵活

体育教材是体育教学开展的主要依据，也是教师进行教学的依据，但是新课程改革的要求指出，教师所开展的教育活动不要全部按照教材进行，可以进行合理的主观发挥，与实际情况相结合，对教材内容进行灵活处理，选择教材中具有价值的内容进行教学，不合理的内容可以改进或摒弃，也可以扩大教学空间和内容，为学生带来更多更丰富的内容。教师可以通过多种途径去收集教学内容，让教材为教学服务，围绕教学的改变而改变，而不是以往教学活动完全依据教材而开展。在教学中引入具有创新意义的内容，能够开阔学生的眼界和心胸，使教学不再局限于教材，而具有开放性和兼容性，让学生有更多的兴趣去探索新知识和新内容，以积极的心态和饱满的热情投入到新课程的学习中去。除此以外，教师在每节课还要留出学生进行自主交流和讨论的时间和空间，让学生在积极的氛围中交流自己的学习心得和技巧，所谓"三人行，必有我师焉"，学生在交流中充分发挥主观能动性，学习别人长处和优点，不断进行自我的修正和完善，促进自我的全面发展。

2. 合理安排教学课程，选择合适的教学方法

体育课程具有灵活的特点且又有约束性，在教学创新的过程中会遇到各种阻碍，体育教师要灵活安排教学课程和内容，并选择合适的教学方法，满足学生的体育教学需求。教师首先要明确新课程改革下体育教学和体育课程的联系，以不断促进体育教学的不断创新。教师在教学过程中要避免体育课程和体育教学概念、层级的混淆。因此，教师教学的目标要以新课程改革的要求为目标，根据学生的身心发展情况和学校的实际教学环境创新出合理的教学方式，建立分级促进的教学目标，由易到难，循序渐进，与学生对事物的认知方式相符合，以实现新课程改革做出的要求。同时教师要不断提高自身的体育素养，只有自身具有较高的体育素养，才能满足对学生的教学要求。

（四）融入民族体育元素，推动中学体育教育发展

新课程改革视域下的中学体育教学理念是"健康第一"，是一种以人为本，促进人的发展的教学理念，与我国传统体育项目主题是相通的，例如，闻名天下的少林功夫，少林功夫的理念就在于强身健体，和新课程改革"健康第一"的理念是相同的。将我国民族体育元素融入现代中学体育教学中也是对新课程改革视域下体育教学的一种创新。我国传统民族体育中有很多值得学习和借鉴的地方，就拿少林功夫来说，它能够成为我国的象征，名满世界必定有其存在的价值，而且少林功夫也并非对传统的分毫不差的继承，而是在保留核心元素的基础上不断进行创新、与时俱进。因此在现代中学体育教学中融入传统民族体育是可行的。在现代中学体育教学中融入民族体育要选择合适的内容，根据中学生的身体素质和实际情况进行综合考虑，避免引入一些难度较大、不适合中学课程的内容。在中学体育课程中还可以引入太极拳这种民族传统体育，太极拳主张强身健体，以柔克刚，具有修身养性的功能，中学生正处于血气方刚的年纪，学习太极拳能够修身养性，让中学生在学习的过程中沉淀，领悟太极拳的核心价值观，强身健体。在中学体育教学中融入民族传统体育元素能够培养学生的民族认同感和民族自信心，增加民族自豪感和爱国情感，领略我国体育文化的博大精深，提高体育文化素养和内涵，从而提高自身的综合素质。

在新课程改革的视域下，中学体育课程的教师要大胆创新，使用多种教学方法，选择合适的教学内容，与新课程改革的要求相符合，与现代学生的发展特点相符合，与时代发展需求相符合。教师要有创新的精神和理念，扩展体育教材获得渠道，将各种合理的能够促进中学生全面发展的教学内容融会贯通，以设计创新出新的、具有特色的教学方式和内容，以促进中学生的全面发展和中学体育教学的可持续发展。

第七章 体育教学的发展动态

第一节 体育教学目标的统一与协调

体育课的场地、器材等，对体育课程目标、课程设置、课程设计思路以及课程任务都有很大的促进和帮助作用。马克思说过："人创造环境，同样环境也创造人。"①《列女传·母仪》中记载的"孟母三迁"也说明了环境对塑造人的重要性。而体育教学环境是体育教学系统的必要条件，并且影响着体育教学系统。本节采用文献资料法、分析和综合的方法论述了体育教学环境和体育教学系统的关系，并且阐述两者如何协调应用才能达到最好的教学效果。

一、体育教学环境的概念

（一）体育教学的物质环境

无论是学习还是生活都离不开环境。体育教学需要的环境主要是运动的场地和体育器材，否则全面深化教学改革，推进素质教育，加强学院普通体育课程建设，提高体育课的教学质量就成了一句空话。课前准备器材时，要根据课堂的内容，注意因地、因时而异。如田径场红色的跑道、绿色的足球场可提高中枢神经的兴奋性，使学生有一种跃跃欲试的冲动。一排排乒乓球台、一片片羽毛球场，它们的采光、空间、通风都会给练习者积极的影响。上理论课，如课桌椅的款式和新旧实验室以及实验仪器、图书资料、电化教学设备等。这些设备是开展体育教学活动的必备条件，对完成体育教学的任务起着重要的作用。为了方便教学，体育器材保管室应设在离运动场地较近的地方，房间应通风，光线较好，器材按项目分离存放，随时检修器材，维护运动安全。

---

① 马克思.德意志意识形态 [J].北京：人民出版社，1961.

（二）体育教学的心理环境

老师上课前要整理好自己的情绪，具备心胸豁达、移情理解和客观性，真诚而不盛气凌人，被教师热情鼓励的时候，学生更有创造性。教师的热情与学生对体育的兴趣与完成运动的密度和强度有着很深的关系。采用多媒体教学，如学习之前将技术动作放慢、定格。看完录像后，组织学生进行讨论，再进行示范，学生练习后再进行讨论，他们有一种小老师的感觉，自己会想办法克服很多困难。学生最不愿意跑步，觉得枯燥。采用 4 人一组，以比赛竞争、团队参与的形式进行，如蛇形跑、变速跑、追逐跑等。投掷的练习可采用单手投、双手投、向前投、往后投、画方格投等。练习力量时，准备几个不同重量的沙袋，根据学生的实际情况使用，采用 20 米的往返跑等。利用上课的时间进行班级与班级比赛，加强学生的参与主动性与责任、团队合作、增强积极动机和减少对老师的依赖。为正常人格的成熟、获得独立性、自信、自我控制、坚持，并能忍受挫折这些成熟的人格品质所必需。

（三）体育教学活动中的语言环境

只有爱学生，与学生打成一片，才能了解到学生的喜怒忧乐、兴趣爱好、希望要求。注意心理修养，善于控制自己的情绪。无论在课外遇到什么不顺心的事，在走进教室之前，一定要恢复常态，不能把自己恶劣的情绪传染给学生，更不能向学生流露甚至发泄。语言的速度对于教学效果的好坏有直接的影响，认真地探索和把握最科学、最合理的教学语言速度。语言是人与人之间传递信息最为主要的方式之一，体育教学中，教师与学生之间、学生与学生之间语言的交流十分频繁，语言的交流中包含着丰富的信息，因此良好运用这一工具对于提高体育教学质量作用十分明显。实践表明，良好的课堂语言环境对于体育知识、体育技能的传授十分必要。

二、体育教学系统的概念

体育教学系统，顾名思义，就是体育教学体系的统一体，体育教学系统是各体育教学要素以一定的结构形式组织起来的，具有各单一体育教学要素所不具备的某种功能的教学统一体，它包括以下几个系统。

（一）体育教学内容系统

根据《教育部关于印发普通高等学校体育课程教学指导纲要》（2002 年版）文件

的精神，结合人才培养的目标，以教学改革为前提，以学生为主体，以健康为主题，以服务专业为方向的新理念，以人为本，强化人体练习，突出个性发展。普通高校按照"健康第一、终身体育"的学校体育教育思想，通过传授体育知识、运动技能，达到全面增强学生体质，增进身心健康，培养学生良好的意志品质和素养，使其养成终身体育的锻炼习惯。

（二）体育教学方法系统

从上位层次看，包括模式教学、模拟教学、程序教学。从中间层次看，上课时老师通常先讲解，再向学生提问，同学生一起讨论，在教学中运用语言指导学生学习，达到教学要求的方法，这些都是用语言传递信息的讲解法、问答法和讨论法。体育教学中通过一定的直观方式，作用于人体感觉器官、引起感知的一种教学方法即动作示范法。教师为了防止和纠正学生在练习中出现的动作错误所采用的方法即纠正动作错误与帮助法。循环练习法：根据练习任务的需要选定若干练习手段，设置若干个相应的练习站（点），学生按规定顺序、路线和练习要求，逐站依次循环练习的方法。利用场地器材组织学生进行运动竞赛法等组织学生讨论探究教学方法即发现法。各种教学方法的运用具有教育性、发展性、科学性、多样性等特点，这样才能体现整体化思想，达到最佳教学效果。

（三）体育教学负荷系统

生理负荷是指人在进行体育锻炼时身体的生理负荷量。运动负荷包括运动量和运动强度两方面。在体育课上只有运动负荷保持适宜，才能收到较好的教学效果，运动负荷过小过大都不行。过小，则达不到锻炼的目的；过大，又超出了学生身心所能承受的限度，对学生身心健康和教学任务的完成都十分不利。因此，合理地安排和调节体育课运动负荷是对体育教师教学的一项基本要求，也是评价体育教学和体育活动锻炼效果的一项重要指标。课堂教学中最常用到的运动负荷测量方法除了脉搏测量外，还有询问法和观察法。据瑞典生理学家研究，当询问学生锻炼后的自我感受，学生回答"累极了、很累、有点累、还行、很轻松、非常轻松"时都有不同的心率，而这些心率和回答之间有着极明显的对应关系。这样教师就可以利用学生的回答来判断学生承受运动负荷的情况。采用观察法可以直接简便地知道学生的运动负荷情况，教师可以通过观察学生的脸色、表情、喘气、出汗量、反应速度等表现来判断所承受运动负荷的大小。比如，当学生承受较小负荷时，额头微汗、脸色稍红；承受中等负荷时，脸色绯红、脸部有汗下滴；承受过大的运动负荷时，脸色发白、满头大汗、动作失控等。所以，安排运动负荷时要以学生发展为中心，重视学生的生理和心理感受。在体育课上，可以通过调整练习的次数和组数、练习的强度和时间、器械的坡度和阻力，也可以改变课的组织教法等来对运动负荷进行合理的调节。

（四）体育教学评价系统

体育教学评价系统包括学生学习态度的评价，学生行为表现的评价，防止违纪行为的升级和负面作用的扩散，学生掌握知识与技能的评价。坚持主体取向的评价机制开放的教育需要开放的评价、量性评价与质性评价、行为评价与心理评价的有机结合，由重视结果向重视过程转变。

三、体育教学环境和体育教学系统的关系

体育教学中，体育教学环境对学校体育教学系统的影响，既来自学校内部环境，又来自学校外部环境；既来自学校的物质环境，更来自学校学生和老师的心理环境。而体育教学系统反过来也可以影响体育教学环境，他们之间是相互制约、相互影响的。

四、体育教学环境和体育教学系统的协调统一

在体育教学中，要达到更好的教学效果，完成既定的教学计划，那么体育教学环境和体育教学系统两者之间是缺一不可的，只有两者协调统一，才能为体育教学更好地服务。

（一）充分了解当前体育教学环境现状

教师在体育教学中一直起着一个引导的作用，主要表现在：了解教学目标、制订课时计划、规划教学设计、优化教学方法等。当然这些都必须建立在了解当前教学环境的基础上，教师不仅要了解当前教学的物质环境、了解学生当前的学习需求，还应该对整个教学环境进行设计。

（二）保持体育教学环境和教学系统的动态平衡

在体育教学中，体育教师既要让体育教学系统适应体育教学环境的变化，也要尽力去改变当前制约体育教学系统发展的环境因素，使两者在动态上保持平衡，为更好地实现体育教学目标而服务。

第二节 体育教学内容的选择与开发

体育教学课程资源的开发和利用最重要的是教师的课程资源观和课程资源的开发意识，理解什么是课程资源，才有可能开发课程资源。

一、对体育教学课程资源的认识

合理开发与有效利用体育课程资源是体育课程目标达成的必要条件，也是体育课程改革的有力保障。由于地方经济和文化发展的不平衡，体育课程只有符合地方经济并地方化，才能提高体育课程的适应性，才能更有效地发挥体育课堂的本色。

在这里，首先要了解体育教学课程资源的概念。所谓"课程资源"，无疑是受教育技术和远程教育的启发而由教学资源和学习资源演变而来，但它在教育技术和远程教育界并不被经常使用，甚至有些陌生。由于课程是教学活动的基本单元，因而一切教学资源或学习资源往往都是以课程资源的形式来呈现的。一般来讲，"课程资源是指形成课程的要素来源以及实施课程的必要而直接的条件"。

二、如何进行体育教学课程资源的开发

首先，开发出来的课程资源要从学生群体和个体的身心发展特点等一些特殊情况出发，能为他们所接受和理解，符合他们的身体状况和认知规律，有利于学生的身心体验，有利于达到目标。接着，要做一个价值判断，是同学们迫切需要的、对他们身心发展最有价值的，这些体育资源应该得到及早优先的开发。体育课程资源开发的几个途径不是截然分开的，在开发的时候需要有机地整合在一起。

（一）从体育师资条件出发

学校具备何种师资，我们的老师具备什么样的素质，他们的特长、专业是否能带动体育课程资源的开发。考虑到这些因素以后，教师们才能游刃有余地进行资源的开发。反之，一些学校限于师资的水平和特点，教师没有能力去开发学生需求比较强烈、感兴趣的程度也比较高的体育课程资源，它就成了前进路上的一个瓶颈，在很大程度上制约着对体育课程资源的合理利用。

（二）从学生的现状考虑

体育课程资源的服务对象是学生，所以关注学生的身体发展作为开发体育课程资源的主要途径，这主要着眼于以下两方面：

（1）学生身体状况的调查。在开发课程资源时，必须对是否能使其接受新开发的体育课程资源进行考虑。不同学生的身体状况水平是不一样的，这不仅关系到开发的广泛性，还影响到开发课程资源的内容选择。

（2）要想使学生积极参与进来，不仅要找到学生有兴趣的课程资源，也要课程资源永远是最适合学生的，如此，学生既愿意参与进来，又可以充分调动学生的积极性。这样的体育课程在某种意义上来说是最适合学生的。所以，在开发时，我们要从学生的角度来看待周围的一切，要寻找学生的兴趣所在，力求开发出来的体育课程资源是"学生化"的体育课程资源，这样才能使学生完全融入课程资源中，不能使课程资源老是一味地"教师化"，否则就失去了教育的意义。

三、体育课程资源开发案例

1.【案例】人力资源的开发——体现团队精神的集体负重跑比赛

活动目的：通过集体负重跑比赛，使学生热爱体育活动，增强体能，培养团队竞争精神。

活动准备：场地的选择、学生负重物的准备、裁判人员的安排、工作人员的安排。

活动过程：以班为单位参赛，按规定时间跑完全程；安排好裁判工作；比赛开始，学生到达终点时，按名次顺序发放名次牌。第一名记1分，第二名记2分，依此类推。组（班）积分少者名次列前；统计各组（班）比赛名次和积分，排定团体名次；宣布团体名次，颁奖；活动讲评。

建议：体育教师应多开发这类小型的集体活动，使全校的教师（包括校医）都参与到活动中来，充分调动学校的人力资源为体育比赛服务。

2.【案例】民间体育课程的开发

（1）跳绳。

跳绳可以分为三类：1.技巧性跳绳，单脚跳、双脚并跳、换脚跳、反手跳等多种花样动作；2.游戏性跳绳，娱乐为主，可以边跳边伴唱；3.快速跳绳，跳绳方式大体分为个人与集体两种，鱼贯顺序跳、多人同跳等都是集体跳绳。

（2）踢毽子。

踢毽子有花样技巧比赛，常以肩、背、胸、腹、头与双脚配合，做各种姿势，使毽子经久不落地，缠身绕腿，翻转自如。踢毽的技巧很多，踢毽子的基本技巧只有三种，即有"盘""拐""蹦"。还有"苏秦刺背""八仙过海"等各种名称。集体比赛时还附加远吊、近吊、高吊等踢法以表胜负。一般踢毽子都在冬季进行，天气寒冷，活动可以暖身。

（3）跳牛皮筋。

跳牛皮筋是项连贯协调、舒展自如、节奏感强的项目，基本动作有点、迈、顶、绕、转、掏等。一般分为三个高度：将牛皮筋举至与肩齐平；两臂自然下垂拉牛皮筋；一臂上举拉牛皮筋。并有单人和集体两种跳法。此游戏以女孩玩耍较多。以细牛皮筋结成绳子，长三四尺，两人扯绳各一端，随着牛皮筋的上下弹动，一人或数人跳。在动作的基础上联合而成花样。

（4）抽陀螺。

陀螺的种类有木质、竹质、陶质、石质，抽陀螺可进行竞赛，一人不停抽击，抽到陀螺停止为输，再由另一人继续抽击。这种游戏是用一条绳鞭抽打一个圆锥体玩具，使它在平滑地面上不停旋转。

3.【案例】体育器材的组合开发

（1）校园"保龄球"。

校园"保龄球"是由实心球与手榴弹组合成的一项在课中常用的教学内容，其教学方法比较简单。在一块空地上一端放置手榴弹（或矿泉水），可以排成许多形状；另一端站学生，手拿实心球，在教师的指挥下进行练习。

（2）嗒嗒球。

该运动是将乒乓球与羽毛球有机融合在一起的一项体育运动，简称为嗒嗒球。这项运动不受场地限制，而且适合各种年龄的人群参与。它将乒乓球的推、抽、搓、扣、拉球打法与羽毛球的吊、挑、扣等各种技术结合起来，在网上往返对击，以把球击落在对方场区内为胜。比赛时采用乒乓球记分法，五局三胜制。

建议：嗒嗒球是体育器材组合开发中最成功的案例，其充分地利用了两种体育器材的特性。它一半像乒乓球，一半像羽毛球，嗒嗒球以其携带方便，不受场地限制，运动趣味强，易普及推广的独特魅力，正吸引着越来越多的人加入其中。校园"保龄球"的开发虽没有嗒嗒球的影响那么广泛、那么正规，但也有它的存在理由。

学校要根据教学实际情况及学生发展的具体需要，广泛利用校外体育资源以及丰富的自然、人力等资源，积极开发、利用信息化的体育课程资源。体育课程资源多种多样，重视校外体育课程资源的作用，从实际情况出发，发挥地域优势，强化学校特色，展示教师风格，因时、因地、因人制宜地开发与利用体育课程资源。

第三节　体育教学方法的运用与创新

通常而言，高校作为我国培养高等人才的关键基地，近些年来，我国政府对于高校教育问题也趋于关注，希望各大高校可以在一定程度上培养出综合实力更强的复合型人才。对于高校体育教学而言，也需要在创新的教学方法基础上，改良教学方法，推动教学实践，这样的话，不但可以让学生的身体素质有一定程度的提升，更要让他们的思维和创新能力也有所促进，让学生养成健康的生活习惯。

一、创新教育理念下体育教育方式运用现存的弊端

（一）学生身体素质大多数较弱

根据国家相关单位针对学生的身体素质调研证明，大部分学生从20世纪80年代开始，身体各方面的耐力与速度以及器官功能逐步下降，身体肥胖与近视的状况逐步增加。尽管近几年我国对于学生身体素质状况日渐重视，并且采取了对应的措施，学生身体素质取得了较好的改善，然而整体状况依旧使人担忧，从而也使得我国革新型体育教育的展开受到了较大程度的影响。

（二）体育教育重视程度不够

受到应试教育的影响，体育课程往往缺乏重视，时常会发生体育课程让步于其他课程的现象，从而使得创新教育观念下的体育教育方式很难取得实质的运用与贯彻。并且，体育课程在教学模式上也具有一些缺陷。创新教育观念要求体育课程发挥提高学生体质的用处，然而依据当前的状况而言，体育课程在这方面的用处并没有取得完全的展现。而且，目前体育课程课本并没实现一致，课程内容未建立起合理的规范，并且老师传授知识的范围与学生了解的程度需求也未有规定，进而致使许多体育老师在教学的过程中只是单一地教授老旧且落后的体育知识，缺少创新的观念，而部分老

师为了防止学生在体育课中发生意外，使得对教学方式的革新顾虑较多，从而一定程度上妨碍了创新教育观念下体育教育方式的实行。

（三）学生体育活动时间普遍缺少

经过长时间教育习惯的积累，大多数家长与老师均形成只注重成绩而轻视其他方面的思想理念，认为时间不该浪费在上体育课或者是课外活动上，应该专心致志地学习其他课程，从而致使学生体育活动时间普遍缺少，学生的身体素质与运动观念较难得到提高，使得大多数学生在体育教学中出现抵制以及缺乏兴趣的状况，这种现象导致创新教育观念下体育教育方式的运用受到了较大的妨碍。

二、创新观念的体育教育实施手段

（一）根据学生不同的兴趣与资质进行不同的教育

体育这门课程对学生将来的发展同样起着重要的影响，中学的学生尽管价值观以及人生观都逐渐养成，然而通过合理的指引也还可以出现一些良好的变化，如若可以运用体育课来针对学生的身心实施合理的指引，将会对学生将来的发展起到良好的作用。中学体育教育中依据学生不同的兴趣与资质进行不同的教育，能够在一定程度上增进学生身心的发展，使其在体育磨炼的过程中增强自信感。而在体育教学实际操作的过程中，每位学生的心理状况以及身体素质都存在着差别，一些学生的体质比较好，并且综合方面都要比其他学生要好，如若让其与其他学生达成相同的课程任务，常常会使其感觉到运动的强度太低，没有较好的锻炼效果。然而一部分学生的体质比较弱，体育课上的运动强度使其感觉到适应不了，并且在看到其他同学可以成功达成训练目标时，自己却完成不了，其对于体育的热情则会逐渐降低，甚至在体育教学中出现抵制或是缺乏兴趣的状况，从而一定程度上影响到创新教育观念下体育教育方式的运用。

（二）集思广益，相互激励

一般情况下，为使学生的身体素质以及思维能力协同在体育教学中取得一定程度的增强与磨炼，老师还可以运用集思广益与相互激励的方式，使学生经过互相协助的方式来互相鼓励，一同完成课程上教师布置的任务。并且，老师也可以制定出一些与体育相关的问题给学生，然后以小组的形式进行探讨与思考，自由地发挥自己的看法与想法，在互相协助的情况下解答教师布置的问题。但是，在过往的体育锻炼中，往往是由老师示范相关的动作要点，学生自主进行操练，较少会予以学生表明自身看法的机会，然而这实质上完全不利于学生创新性思维的提升，但是运用相互激励与集思广益的方式就能够在一定程度上促进学生创新能力的发展。

（三）情景教学，提高效率

情景教学方式指的是在体育教学的过程中，先运用恰当的方式把学生引入相关的情景当中，使其具有一种身临其境的感觉，从而使体育教学更具创新性。而一部分体育老师认为情景创建比较适合低年级学生，对大学生而言，没有具体的可行性，然而实际上，如若可以在高职院校的体育教育过程中应用情景教学方式，也可以起到鼓励学生的效用，使学生对知识可以取得较好的掌握与理解，从而对体育锻炼更具有兴趣与热情。

总而言之，本节主要对创新教育理念下体育教学方法基础理论以及实践进行了充分的研讨。在当前的创新教育理念下，强化对于高校体育教学方法理论实践，从当前的学校以及学生实际情况入手，创造出更多的全新的教学方法，只有这样，才可以更加满足人才培养的需求，培养出更多符合要求的综合型人才，推动学生的身心实现综合全面的发展和进步。

第四节　体育教学手段的使用与创新

教学过程中，有效的教学方法不仅能调动学生学习兴趣和练习的积极性，更能实现体育课堂教学有效性，从而达到体育课要坚持素质教育和健康第一的指导理念，增强学生身体素质。为了实现这个目标，老师要积极结合学生在生活中比较感兴趣的事物，注重学生的个体差异，运用灵活多变的教学模式来创新体育课堂。下面我们就从创新教学手段的作用、意义、策略、实施成效、注意事项等几方面进行阐述。

一、创新体育教学手段的作用与意义

体育课堂教学手段的创新，并不仅仅是为了顺应新课标的要求，更是为了满足学生的需求，对于学生的发展也有积极的作用与意义。创新教学手段可以在很大程度上促进学生的身体素质提升，提高他们的运动技能。在中学的学习过程中，由于学业比较紧张，课程安排比较紧密，大部分的学生在每天的学校生活中，几乎都不离开自己的课桌。这样对学生的身体素质培养来说就是一大隐患。那么在体育课堂上通过教学手段的创新，就可以吸引学生的注意力，让学生从繁重的学习压力中解放出来，放松身心，振奋精神，通过积极投入，增加锻炼，提升身体素质。

二、创新体育教学策略

（一）运用师生角色互换，突出学生主体地位

传统的体育课堂教学以教师讲授为主，学生获得运动技能为目标。但是单一固定的课堂教学模式容易使学生疲倦，不利于调动学生学习的积极性，更未能突出学生在学习中的主导地位。德国著名的民主教育家第斯多惠曾说："教育的艺术不在于传授的本领，而在于激励、唤醒和鼓舞。"[①] 师生角色互换，教师成为课堂教学的引导者、服务者，学生成为课堂的真正主角，极大地调动起学生参与的积极性和主动性，唤醒学生自我实现的内在愿望，能有效提高课堂教学效率，促进学生综合素质的提升。

角色互换可以安排在课堂教学开展前，老师根据教学内容，结合班级的实际情况，对学生进行分组。学生在准备的过程中，结合自己的能力水平和兴趣爱好，充分发挥主观能动性，通过多途径多方式，如利用教材、向老师咨询请教、通过网络资源等方式，了解掌握教学内容的相关知识点，设计教学方案，然后在实践中展示这一堂课。这一过程可以极大地培养学生发现问题、解决问题的能力。

同样，在教学过程中，我们也可以角色反转。老师以"学生"角度提问。例如，在田径教学中，我曾向学生提出"推铅球的方式有哪几种"的问题，然后让学生独立思考或小组讨论，最终学生给出了"侧向原地推铅球""上步推球""侧向滑步推球"等不同答案。这样的教学方式，不仅能极大地调动学生参与课堂的积极性，而且培养了学生的创造性思维，体会到探索创新的喜悦。

（二）情境教学，使教学更具目的性

情境教学法是指在真实的情境中，使学生通过切身的运动实践、运动欣赏等体育行为，提高运动能力，加深运动感悟，促进体育价值观形成的教学过程。其主要特点表现在情境的真实性、开放性以及感受的深刻性、持久性。

情境教学法与传统的技能教学不同的是：教师不是从基本的动作教起，而是从项目整体特征入手，然后再进行具体技能学习，最后再回到整体的认识和训练中，突出主要的运动技术，而忽略一些枝节性的运动技术。注重在实践中培养学生对项目的理解，把技术运用在"尝试性比赛"中，引导学生懂得如何学以致用。

---

① （德）第斯多惠著；袁一安译.德国教师培养指南 [M].北京：人民教育出版社，1990.11.

比如，在球类技战术教学中，让学生进行实战观摩，通过看比赛片段、动态图的演示、图解的讲解等方式，结合实战向学生演示一些技战术的配合和应对的方法，既培养学生全面观察情况，把握和判断时机以及临场的应变能力，又能使学生最终可以根据所学的技术和战术，判断出"做什么"和选择最佳的行动方案——"如何去做"。

比如，篮球技战术的教学，挡拆配合。把 NBA 比赛中配合的技术截取，用慢速播放形式展示，然后学生进行分组比赛，强调比赛时尽量用挡拆配合，少用其他配合，在此过程中，老师可以运用视频手段拍摄学生配合的过程。总结过程中视频回看并向学生提问，在运用这个技战术中注意，引导学生了解挡拆配合的要求：快速移动，准确卡位，把握时间，正确拆分。老师再示范讲解动作，并在此过程中提出学习的重难点，侧掩护时脚要站稳，不能移动挡拆，挡拆到位后手臂的摆放等，最后分组进行挡拆练习。这样使得学生学练更有目的性，课堂效果更显著。

（三）使用运动 APP 软件，综合构建体育课堂

随着我国科技的进步、信息化技术的发展，大量的新事物进入了我们的生活中，为我们的生活带来了便利。在体育教学中，为了促进教学手段的有效性，老师可以将新鲜事物与实际教学结合起来，利用和体育教学相关的 APP，进行课堂教学。这既符合学生的心理需求，又能促使其把更多的注意力投入到课堂中来，提升参与度，从而实现教学的有效性。同时在兴趣推动力的基础上，使学生多去练习，做到自我比较评价，将自己的运动技能水平进一步提升。

比如，在进行 24 式太极拳教学时，老师就可以利用"24 式太极拳"APP。将学生进行分组，每组配备一个手机或平板设备，通过 app 里面的太极拳概要简介，先了解太极拳的特点；再集体观看视频，建立拳术的整体印象和概念。在观看过程中，老师引导学生关注太极拳的特点在视频中的体现——心静体松、圆活连贯、虚实分明、呼吸自然。最后，让学生通过图文讲解，自学动作，小组协同合作初步掌握动作的框架。在此基础上，老师再介入讲解示范教学，学生掌握技能自然就事半功倍。

课后老师还可以布置练习，让学生再次通过 app 去复习、巩固、提高，在下一次的课堂中以小组形式进行展示，这样使得课堂学习有了延伸，也使得学生技能的掌握和提升会变得更好。当然在教学过程中要引导电子设备的合理使用，仅限课堂内使用，鼓励放假后回家通过软件继续学习、复习提高，自学将要新授的课堂内容。

我们还可以合理利用抖音短视频，设计合理体育项目。

最近抖音短视频在年轻人中十分流行，体育老师就可以积极利用它，设计新颖有

趣的体育项目。这样不仅可以激发学生的兴趣，调动学生的积极性，更能促进他们对体育项目的喜爱，主动参与到体育项目的锻炼中来，从而达到增强身体素质的目的。但在这个过程中，老师要注意度的把握，不能让学生形成依赖。

比如，老师可以选择一些符合学校现有教学条件和环境的体育项目，在课堂上让学生根据自己的兴趣进行挑选，选择最多的那个项目，就是下一节体育课的主要教学内容，这样既尊重了学生的意愿，又充分满足了学生的心理需求，也有利于体育课堂有效性的实现。在教学过程中，老师还可以将同学们活动的过程拍成抖音短视频传到网上。这样既是对学生的一种肯定，也有利于对抖音短视频的合理利用。

这样有效合理地使用 APP，既促进了教学手段的创新，又构建了良好的教学氛围。

（四）利用积分制管理，科学评价学生表现

（1）设置"积分"：教师在设计教学目标和内容时，将一个技能模块设定为一个单元，根据技能难易程度，结合学生的运动能力水平，设定为掌握、基本掌握、未掌握三个等级，分别以 3、2、1 进行量分；

（2）得分原则：形成牢固动力定型，做动作熟练、省力、自如，即为掌握；技术动作有改进，动作规范，基本上建立动作定型，即为基本掌握；动作吃力、不协调，动作间有干扰现象，并伴随着一些多余动作，肌肉紧张，即为未掌握。

（3）运作方式：模块教学结束，安排课堂内测评。可以根据运动项目和内容的不同，运用多种方式。如武术项目、五步拳，可以东南西北四个角背向而立，独自演练，老师和学生互评结合。田径项目，蹲踞式起跑技术，分组沿跑道线模拟起跑，从器械调整、重心控制、起跑的步伐等方面考评。

（4）积分统计：老师记录测评课同学的得分，按比例折算计入期末总分。

（5）激励办法：每个模块测评结束，老师和学生互评相结合的方式，评出"模块之星"，学期评选"课堂优秀之星"进行表彰，学生所有积分结果将作为评优评先的重要参考依据。

积分制管理的实施，使学生更加有学习的动力，积极性和主动性得以提高，有利于激发学生之间的竞争意识，完善了教学中的评价体系，为提高创新教学手段的有效性奠定了基础。

三、创新体育教学手段的注意事项

（一）与教学实际要紧密联系

创新的教学手段要符合学校实际，与学校的资源配置和学生实际的运动能力水平相符合。如果教学手段与学校现有的教学资源相脱节，就会在教学的实施过程中，导致教学工作无法顺利开展；教学手段的教学难度与学生现有的运动水平能力不符，就会导致学生空有体育理论知识，但实际运动技能的掌握和提高并不理想。

（二）教学手段与学校规章制度要协调

为了激发学生学习体育的兴趣，有些老师倡导运用一些与体育项目有关的手机软件，这固然可以提高学生进行学习锻炼的兴趣，但也增加了学生对手机的需求。这一现状的出现就与许多学校的规章制度相违背，教学过程中要合理地处理两者之间的矛盾，保障学校教学秩序的正常进行。

（三）创新教学过程中要紧扣主题

不同地区的学校教学水平参差不齐，对体育学科认识也不充分，创新教学手段就有可能因为这些因素，导致教学偏离主题。比如，学校倡导老师要学会放手，让学生通过多媒体课件自主学习，有一部分老师就会完全让学生观看体育视频，自己在课堂上完全不参与，过分强调学生的自主性，忽视老师应该承担的指导责任，这就是偏离主题的表现，不利于学生的健康发展和课堂的有效性实现。

（1）注意师生安全

创新体育教学手段，丰富体育课堂内容，但对课堂的安全性也提出更高的要求。教师要考虑学生的个体差异，设计科学合理、难易程度得当的教学内容和教学过程，要加强安全教育，落实课堂常规，对学生练习中的错误动作要及时纠正，场地、器材安排布置落实要到位。

（2）注重教学质量

在教学过程中，教学质量永远是学校以及老师关注的重点。那么在创新体育教学的过程中，为了保障教学质量，学校就可以采取调查问卷和对比观察的方法。通过调查问卷形式了解学生对教学手段创新的喜好程度、欢迎程度；通过对比观察的方法，对使用创新与传统不同教学手段的班级比较，从学生课堂的参与度、技能掌握度、身体素质提高等方面做出参照，再结合每年的体质健康数据测试的机会，进行综合对比，用数据来体现。

综上所述，创新体育教学手段是提高体育课堂的有效手段，并且保障创新体育教学手段的有效性也是学校需要努力的方向，只有保障了教学手段的有效性，才可以确保课堂的有效性。这样不仅有利于激发学生的学习兴趣，让学生自主投入到体育运动的学习、锻炼中来，更能培养学生终身体育锻炼意识和习惯，为促进我国的体育事业发展起到一定的推动作用。

第五节　体育教学模式的多元化发展

一直以来，高校体育是我国整个教育体系中非常重要的一个组成部分，它是连接学校教育与社会教育的重要枢纽。目前越来越多的人已经开始认识到终身体育思想的重要性，并对其致以高度的认同，随着终身体育思想的普及发展，如今，终身体育思想已经渐渐成为现代人们社会生活的理想追求。终身体育思想也在学校体育中得以充分的运用，而高校体育作为学校体育教育的最后阶段，是培养学生终身体育思想与习惯的重要平台，同时也为学生将来走向社会，并在社会生活中培养终身体育习惯与行为打下坚实的基础。高校体育教学模式是高校体育教学的基本结构，凝聚了高校体育教学理论核心，是一个具有操作性与实践性的体育教学框架。在当前高校体育教学改革的过程中，通过对多元化体育教学模式的构建，不仅有利于培养大学生健康的身心素质和持久的体育思想，从而实现大学生身心素质的全面发展，同时也符合当今时代对于综合素质全面发展人才的需求。

一、高校体育教育中多元化教学模式的重要作用

在当前的高校体育教学过程中，通过对多元化、富有成效的新型体育教学模式的运用，充分体现学生在教学过程中的主体性，鼓励并引导大学生积极参与到体育教学过程中，增加学生参与体育活动的主动性，从而提高学生的参与度，使得学生在彼此之间的互动与交流中学习体育理论并提升体育技能，有利于培养学生的实践能力和团队协作能力，同时也有利于激发学生对于体育课程学习的兴趣与热情，从而增强学生的体育学习效果，最终实现体育教学目标。在高校体育教学过程中，在实施多元化体

育教学模式时，要充分挖掘并利用已有的体育教学资源，对体育教学模式进行适当的改革与创新，增强体育教学模式的新颖性、多样性与有效性，并积极引入符合学生身心发育特征、受大多数学生欢迎的体育活动形式，在保证体育教学模式科学性与实用性的基础上，进一步丰富高校体育教学模式，促进高校体育教育事业的高水平发展。高校体育教师在体育教学过程中开展多元化教学模式的时候，还应该充分了解并掌握当地学生的具体实际情况，探索出科学合理且具有特色的体育教育形式，以更进一步地丰富整个体育教育体系，对体育教育相关资源进行充分挖掘与有效整合，并且还可以在整个教学过程中适当融入一些具有趣味性的元素，以实现体育教学过程的趣味化与特色化，最终促进高校体育教学有效性的提升。

二、体育教学模式多元化的必要性与可行性

（一）体育教学模式多元化的必要性

多元化已经成为当今社会多个领域发展的普遍追求。在学术领域中，多元化发展为学术理论的生存与发展提供了比较广泛的空间。在如今的社会中，传统的绝对主义思想已经渐渐被多元化发展思想所取代，渐渐失去了其存在的意义。在当今信息时代背景下，多元化发展思想渐渐推动着现代教学模式的合理化与科学化发展。所以，在新时期，对于高校体育教育而言，非常有必要顺应时代发展的需要，自觉改变过去传统单一的体育教学模式，积极改革并创新体育教学模式，并结合本校发展实际，充分挖掘、利用、整合当地教育资源，探索出多种符合实际的新型体育教学模式，进一步丰富体育教育体系，以实现体育教学模式的多元化发展，从而促进高校体育教育整体水平的有效提升，这是当前高校体育教育过程中非常重大的举措。

（二）高校体育教学模式多元化的可行性

1.课程行政主体的多元化

对于学校而言，将有更多的自由与权力来管理体育教学内容与教学方式等。我国所制定的新课程标准与传统的教学大纲具有比较明显的差异，主要表现为只是制定了教学目标，而对具体的教学内容没有进行详细且硬性的规定。该课程标准还将体育教学目标进行了适当的划分，分成了五个领域和六个水平。但是对详细的评价方法与可行性的评价方案没有进行具体明确的规定，而是交给高校和体育教师来自行设定。总之，该体育课程标准的实施，为高校体育教学模式的多元化发展提供了良好的政策环境。

2. 对传统体育课教学模式的反思

在传统体育教学中，主要教学目的在于提高学生的体能素质，并向学生传授运动技术，在传统的课堂教学中，主要运用的是一种教师讲解示范—分解练习—完整练习—熟练巩固的教学模式，在该模式下，主要是以学生的运动技能形成规律为基础的。尽管这种传统的体育教学模式有利于增强学生的身体素质，有利于提高学生的运动技能，但是缺乏一定的针对性，不利于学生综合素质的全面发展。该模式没有充分尊重学生的个体差异性，没有充分考虑不同学生的实际情况，这种单调传统、缺乏针对性的体育教学模式导致很多对体育运动感兴趣的学生不乐意上体育课。由此可见，这种传统单一的体育教学模式不利于学生体育素质与综合能力的全面发展。基于这样的情况，作为高校体育教学工作者，应该积极创新、勇于探索，自觉培养创新意识与探索精神，并根据时代发展需要，结合现代体育教学理念，构建出多元化的新型体育教学模式，从而培养出符合时代发展需求的复合型人才。

三、新时期高校体育教学模式多元化发展的策略

（一）加深对体育教学模式多元化的认知

在当今这个信息时代背景下，各大高校应该积极转变自己的体育教学理念，积极学习并引入先进的教学理念，在传统的体育教学评价中，教师只是将学生的成绩作为评价学生体育能力的唯一标准，这种评价方式缺乏一定的科学性与全面性，难以对学生进行客观公正的评价，因此，在新时期，高校体育教师在注重学生体育能力的评价时，还应该注重学生身体素质、心理素质等多方面的评价。因此，在体育教学过程中，高校与体育教师应该重新审视信息化教学的重要价值，充分认识体育教学的重要性，适当提高体育教学的地位，实现其学科地位的提升，要想做到这一点，首先就需要高校体育教学工作的管理者充分认识到体育教学模式多元化发展的重要性，只有如此，才能使得高校体育教学工作者积极转变过去传统的教学理念，在体育教学实践过程中，能够自觉运用现代信息技术。

（二）创新高校体育教学模式

在信息时代背景下，高校应该以新型的、先进的体育教学理念为思想指导，积极探索出新的体育教学模式，高校体育教师，是整个教学过程的重要主体，是整个教学活动的引导者与组织者，在整个教学过程中发挥着非常重要的作用，因此，体育教师

在实际的教学过程中，应该充分尊重学生的主体性，通过在教学过程中适当融入一些趣味性元素，以激发、调动学生自觉学习体育课程的积极性与主动性，鼓励并引导学生主动探索体育学习中的奥秘，以培养学生的自主学习能力和实践能力。与此同时，体育教师还可以根据教学大纲的要求，积极开展具有趣味性的体育教学活动，例如，体育教师可以通过分组教学法与比赛教学法相结合的方式，让学生通过自由组合与比赛活动的形式，主动参与到体育项目技术的学习中，从而激发学生的学习兴趣与热情，最终实现体育教学效果的提升。

（三）提高高校教师的技术水平

在互联网时代背景下，信息技术已然成为推动教学发展的重要手段，而在信息环境下，高校应该加大对体育教学专业技能的训练，比如，对计算机相关知识的培训，要求教师必须要掌握 Photoshop 和 Office 办公软件。同时还要学会教学视频的制作，将教师的信息技术能力作为教学考核的重要标准，只有这样，体育教师才能够以提升自身的专业水平为根本，不断加强对信息技术的学习，定期与优秀的体育教师进行技术交流，实现共同进步。

（四）加强高校体育教学、科研经费投入

高校体育场地、器材不仅是教师选择教学内容的重要依据之一，同时也是限制大学生参加体育活动的重要因素。高校体育教师在进行教学研究的过程中，遇到的最大问题就是经费投入不够，这在一定程度上降低了他们从事科研工作的积极性。加强学校体育教学、科研经费的投入，不仅可以激发教师进行教学改革的动机，也是教改研究能够得以顺利进行的财力、物力保障，还可以激发学生参加体育运动的兴趣与热情。

（五）重视学生在教学过程中的主体地位

素质教育要求把学生作为学习的主体，强调参与、合作、尊重差异和体验成功。教师在选择体育教学模式时，应注重与学生之间的积极互动、共同发展。研究学生的身心特点，因人而异，因材施教，满足不同学生的学习需要。创设能引导学生主动参与的教学环境，激发学生学习的积极性。努力发展学生的聪明才智和个性特点，养成自觉锻炼身体的习惯，使"主动"成为体育教学的核心，引导学生自己去掌握知识、技能，学会锻炼身体的方法，并且实现由"学会"到"会学"的转变，增强学生的学习能力，并使之可持续发展。

（六）运用模式，超越模式

在强调模式方法重要性的同时，还应充分认识到模式方法的局限性。其一，模式是在系统分析的基础上抽象和简化而成的，模式一旦构建完成，即具有相对的稳定性。在一定条件下，模式的稳定性会和不断发生改变的系统产生一定的抵触。此时模式就不具备先进的导向性；其二，构建模式的目的在于在相同条件的区域进行推广，但是，一旦无限扩大模式推广的领域和范围，就会使其与客观实际相脱离，因此模式是不断发展的，模式的推广也是有条件的。适用一切目的和一切分析层次的模式无疑是不存在的，重要的是根据自己的目的去选择正确的模式，并对多种模式进行综合运用。

综上所述，对高校体育教学模式多元化的探析，旨在改变当前高校传统的教学理念，以信息技术为依托，实现体育教学模式的创新。同时定期开展座谈会，提高教师自身的专业技术，创新教学的内容，从而更好地提高教学的质量。

第六节 体育教学的有效性与正当性

一、体育教学的有效性

我们国家长期的"应试教育"模式，导致许多学生苦于文化课的学业压力。中学阶段在学生学习生涯中所占比重很高，尤其是高中阶段，学生所要面临的高考让学校把学科的重点教学放在了文化课上，体育课容易被忽视，这对于学校的教育工作是不利的。体育课本就在学校课程设置中所占比重较低，在被忽视的情况下，如何提升体育教学的有效性，让学生在稀少的体育课中提高身体素质，帮助他们缓解课业压力，同时也能激发学生对于体育运动的热爱，这是作为一名体育老师所要探究的问题。

（一）教学定位准确，更新教学观念

在中学教育阶段，家长老师都把大部分注意力放在学生文化课程的训练上，我们承认文化课程对于学生最后成绩的核心影响，但是不能因此而忽略体育教学的重要性。作为一名体育老师，对于如何把控好一节有效的课程教学是有度的，当然教师对体育课程的重要性定位应该是明确的，体育课程的设置应该能够体现出学生的自主性、主动性和创造性。不管别人怎样看待体育课程的价值，作为体育老师，应该明确体育的

定位是和其他四育并存的，对学生的成长是必不可少的，所以对于那些占用体育课程的现象，应该说不。其次，教师自身也需要去接纳新的教学理念，在观念的调整更新中改进课程教学。教师应该认识到体育教学对于学生提升身体素质的重要性，在体育教学过程中，教师面向的不是个别学生，而是整个班集体，群体性的教学难度更需要考虑全面。根据不同年级学生的课业压力，教师要调整课堂教学的体能训练要求。教师要转变旧观念，根据学生的身体素质实况安排教学内容。体育课是开放性的活动课程，但不代表学生就纯自由活动，教师应该保证每节课都提供给学生一些有科学依据的体能训练，有效的体育教学需要教师有意识地去变换教学方式，寻求自己所代表的体能训练要求和学生所代表的运动需求之间的平衡点。在课程实施过程中的实践安排固然很重要，但在此之前，教师有意识地去规划课程安排，去接纳体育教学中的新鲜观念也很重要。

（二）注重课程训练的科学性

任何一门课程的任课教师都需要专业性的支撑作为提升教学有效性的依据，体育老师也不例外。体育课程和文化课程的不同就在于它的灵活性不确定性因素更高，体育课程很难像文化课程那样去做详细安排，这就给教学活动带来一定难度。学生离开教室可以有难得缓解压力的时机，但并不意味着体育老师就完全给学生自由安排，怎样把控好学生放松的度以及让学生完成一定量的体育训练，这就体现出教师的智慧。

教师除了对于体育知识要有系统性的掌握，还要懂得把专业知识结合学生兴趣，科学合理地呈现在教学过程中。例如，教师在正式运动之前，做好准备活动，在选取教学内容时能够考虑到大部分学生的需求。传统的体育课程设置都是以教师诉求为主，现在我们不妨尝试做出一些改变，在进行实践运动之前向学生传授一些体育知识，通过讲解帮助学生对即将要学习的体育课程内容有一定了解，然后可以征询学生兴趣意愿开展体育安排。当然，开展任何一项体育运动之前，教师要对整节课程的安排有科学规划，本节课程要让学生达到什么程度的体能素质，为了实现这一目标又应该从哪些准备活动做起，中间又需要增加哪些额外的体能训练。体育课的开放性运动性就决定这门学科在教学中对思维训练和肢体训练都有要求，需要教师科学安排课程内容，打破机械式的体育训练，增加课程趣味性，真正让学生在活动参与中体验到体育运动的魅力所在，只有学生有参与体育运动的渴望，才能激发学生的积极性，努力配合教师的课程教学，从而提升体育教学的有效性。

（三）充分利用教具，有效利用丰富的教学资源

传统体育课程的教学方式就是让学生通过跑、跳等训练机能的发展。而随着时代的进步，在各种运动器材的辅助之下，体育课程给学生带来真正意义上的运动体验，也为学生提供更加富有真实感的课程教学体验。而且，信息化时代的到来，教师可以采用数据汇集的方式，利用丰富的教学资源，帮助学生进行体能素质记录。不定期为学生记录体质测量数据，提高学生对身体素质的关注度，这对于提升学生的课程积极性、专注度是有积极影响的，这也可以帮助教师实现体育教学的有效性。

学校体育工作要始终以学生为主，教师不仅重视学生的文化课成绩，也要看到体育运动对学生的必要性。有目的、有计划地规划教学内容，体育老师应该充分利用教学时间，真正发挥体育课的效用，让学生在体育活动中既能得到放松，同时也为文化课的学习塑造良好的身体状态。

二、体育教学的正当性

课堂教学不仅应当是有效的，而且应该是道德的或正义的，这是肯尼斯·斯特赖克所提出的有关有效教学的正当性问题。有时候在追求效率、效益、效能的基础上，会忽略对体育教学正当性的重视，往往看重的是成绩、荣誉。人们不会反过来问问"有效的教学是否就一定是正当的教学？"在教学中，教师往往重视那些成绩比较好的学生，对那些成绩差的学生或身体有一定缺陷的学生是不关注的。从整体上看，这样的教学可能会提高效率，但它是正当的吗？在体育教学过程中，教师为了让学生达到预期的结果，以损害学生的身心健康方式，有效地获取了成绩，这样的教学是否就一定是正当的？

（一）正当教学的内涵

正当教学主要是指教学者的教学行为和教学实践应符合人类最基本道德的一种属性。从内容上来看，包括五方面：（1）正当的教学应当是符合法律要求的，教师在教学过程中应当尊重每位学生受教育的权利。（2）正当的教学应该是平等的，教师要做到一视同仁，平等待人。（3）正当的教学要以学生为中心，要尊重学生，在教学中体现学生的主体性。（4）正当的教学应该符合道德的要求，如诚实守信、公平正义等。教师在教学过程中要促进学生的道德理念，培养学生成为有德之人。（5）正当的教学应该发挥教师的带头作用，做到宽严有度、松紧有法，才能保障教师的正当性。

（二）体育教学中正当教学的主要原因

1.一味地提高有效的教学，而忽略了对正当性的重视

教学正当性是教学有效性的前提，教学有效性是教学正当性的核心，两者相辅相成、缺一不可。有些教师一味地按照学校过旧的制度去要求学生，逼迫学生去做自己不愿意做的事，最后的结果是造成学生破罐子破摔，甚至会伤害学生的身心发展等现象，比如，就《青少年健康体质标准》来说，有关教育部门重视学生的身心发展等现象，各校必须准确地统计相关的数据，而多数学校为了应付，随意伪造，尤其是农村学校，忽略了有效的正当性。

2.一味地只按预设的结果来教学

教师在安排课程时，预期学生在这堂课中所要达到什么目标，早已心中有数。比如，教师在课前备课和准备等这一系列的工作在教学中是不可替代的，但这只是一小部分，它展现出了一种"生成性"，而它的生成性在于预设只是一种构思和可能，在体育教学实践过程中是无法预设的，有可能会出现，有可能不会出现。因为课堂是活的，而不是定性成哪样就是哪样的。教学的有效性过于注重预设性，而忽略了在教学过程中发生的意想不到的情景，一味地陷入了机械式的教学观念。

3.一味地体现出以教师为主要角色

教学活动是教师的教和学生的学双边活动。常常提倡"以学生为中心，学生是主体"等话题。从目前教学来看，当运用到实践中去，两者之间的关系还是含糊不清，没有体现出学生的主体性。教师在讲解时，剥夺了学生的发言权利，使学生渐渐形成了没有发言的意识，像这样的教学能体现学生的主体性吗？在体育教学实践中，教师与学生之间、学生与学生之间有语言直接交流的同时，也要有肢体的直接交流，这样特殊的交流会导致教学过程中的随机应变和不可预测性，因此要注重教学的正当性。

三、体育正当教学应采取的措施

（一）保证每一位学生有参与体育活动的权利

体育课在中小学是一门必修课程，每一位学生都具有上体育课的权利。体育教师的职责不是禁止学生上体育课，而是鼓励学生积极参与体育活动。在体育实践过程中，有些学生不遵守课堂规则，在课堂上调皮捣蛋或者有些学生身体残缺，教师为了提高教学的有效性，禁止他们参与体育活动。我们应做到：用自己的智慧和良好的教法去

吸引学生，对于那些不愿意参与体育活动的学生，教师要积极地做思想工作，多去跟学生沟通；对于那些上体育课有困难的学生，教师要把他们领进操场，让他们观察体育带给人的快乐。

（二）体育教学的正当性要做到区别对待

"区别对待"教学原则在体育教学中尤为重要，因为在同一年级、同一层次的学生在智力方面可能差别不太大，而在身体素质和运动技术方面，他们存在着很大的差距，因此会造成学习运动技术快慢的问题。体育教学为了提高教学的有效性，教师对那些学习较快的学生相当重视，而忽略了学习较慢的学生或身体有缺陷的学生，这样的教学是不正当的。要根据学生的身体素质和运动技术的能力、兴趣爱好，合理地分组，教师在有效性教学中要确保教学的正当性。

（三）确保以学生为中心的主体地位

在体育教学实践过程中，学生也有自己的观点和主见，教师不要把学生当成是实现某种外在目的的手段。如一些体育老师片面地认为体育课以学生为中心，而自己讲解、示范、传授越少越好，把大量的时间留着学生练习，教师却成了闲人，学生迷迷糊糊地就上完了一堂体育课。我们应该让学生不是消极、被动地接受教育，而是让他们主动、刻苦、有创造性地去学习。不是说以学生为中心，教师就没有意义了，而是要把两者结合起来，把握好课的尺度，才能使教学达到有效的发展。

第八章　体育教育改革与文化发展研究

第一节　高校体育教育的文化内涵与发展路径

体育文化已经成为一个非常重要的文化现象和资源，体育文化也因此成为体育内涵式发展和可持续发展的重要推动力。因此，高校体育教育毫无疑问肩负着体育文化教育的重任。高校体育文化应着重从以下方面构建：深化教学改革，挖掘体育文化资源；构建体育文化体系，促进体育与社会互动发展；强化文化批判，引导体育文化健康发展。

一、高校体育教育的文化内涵

体育具有重要的文化内涵，具有重要的文化教育功能。在当前体育地位越来越凸显重要性、体育的社会化程度越来越高的情况下，我国高校的体育教育理所当然担负着体育文化传承与创新等一系列文化建设的重任。毕竟，在体育文化的发展方面，没有任何一个机构能超越高校的体育教育。我们知道，现代大学的本质是在积淀和创造深厚文化底蕴的基础上对文化的传承、研究、传播和创新。高校是一个文化实体，文化是高等教育对社会的作用方式和作用点。因此，当前我国高校尤其是体育院校的体育教育，应该加快自身的教学改革，转变传统体育教育观念，从体育训练和技能教学转向体育文化建构。

（一）高校体育教育应强化体育文化的传承

众所周知，教育最基本的三大要素是教育者、教育资料、教育对象。如果说教育者是文化的"活化"，是一种人格化了的文化，那么教育资料便是一系列符号化了的人类文化，是一种固化了的文化，而教育对象就是人类文化的接纳者、保鲜者，以致使得文化常传常鲜、绵延不断。从这三者的关系不难看出，教育始终扮演着文化传承的角色，是人类文化的社会遗传和再生机制。学校教育对文化的传承，一是通过教育使文化信息迁移到下一代，让他们成为有知识、有文化的人，成为文化的载体和储存者；一是通过教育使下一代掌握文化传承的方法与手段，保证文化能得到有效的传承。高校的体育教育作为一种专业化的教育和高等教育，不仅要实行体育技能等基础性的教学，还应该从体育文化的高度进行整体化、系统化的教学，充分挖掘体育的文化资源，传承体育文化。

（二）高校体育教育应实现体育文化的再生产

人类学家格里库里·贝特森强调了这样一个观点："文化本身是复杂的，学习文化的过程也是复杂的，从某种意义上看，每一代人对他们自己的文化都有一个重新发现和理解的过程，每一代人不仅学习自己的文化，而且重新结构自己的文化。"当前社会，"体育热"已经席卷全球，体育已经演变成一件引人注目、耐人寻味的社会文化现象。随着社会生活的发展，体育文化的内涵也在不断丰富和发展，除了传统的体育文化之外，许多新的体育文化现象也层出不穷。大型体育赛事如奥运会、世界杯、NBA等成为新的体育文化现象；体育场馆如鸟巢、水立方孕育着新的体育文化资源；体育明星消费成为当前体育文化消费的新趋向，这些体育文化现象的形成和发展，需要我们高校体育教育发挥体育文化的再生产功能，从学理上认识和建构这些体育文化。

（三）高校体育教育应引导体育文化的发展

我们正在迈向一个消费主导型经济的时代。这种消费经济实际上是一种建立在个体审美体验基础上的大众经济，是一种"以服务为舞台，以产品为道具，以消费者为中心，创造能够使消费者参与"的消费活动。正如社会学研究所指出的那样："许多年以前一个人如果难受，不知如何是好，他也许上教堂，也许闹革命，诸如此类。今天，你如果难受，不知所措，怎么解脱呢？去消费，消费在当代西方社会已成为一种主要的社会活动。"这一段话非常形象地说明了消费在现代社会中的作用。伴随着我国消费主导型经济的到来，体育消费也日益显示出在消费市场中的重要作用。正是在这一商业化社会中，体育文化已经成为一种重要的经济资源，体育文化产业也逐渐被纳入国民经济发展的体系，成为一种新兴的文化创意产业。目前，我国体育文化创意产业主要有体育用品业、体育竞赛转播权、体育广告业、体育明星产业等方面，但是这些体育文化产业的发展处于起步阶段，市场还很不完善，因此，高校体育教育应该加强其理论前沿特性，正确引导体育文化的发展。

（四）高校体育教育应积极开展体育文化批判

随着大众传播技术的进步以及信息社会的到来，大众文化对人们的影响与日俱增。然而，大众文化是把双刃剑，它所宣传的内容良莠不齐，有一些甚至非常不利于青年学生的健康发展。在这个问题上，体育文化领域存在的问题也越来越突出，比如，当前的体育明星崇拜消费现象尤为突出，特别是经过与大众文化相伴生的大众传媒与视觉文化的渲染，体育明星作为一种产品供大众消费的势头甚嚣尘上，从而形成了一种畸形的体育明星的文化消费现象。然而，许多高校不但没有发挥文化批判的功能，反倒被社会文化所引导，出现了形形色色的校园亚文化。高校文化与大众文化的过分融合，使青年学生的文化批判精神丧失，使高校与社会文化的主客体角色发生了颠倒。高校体育教育应打破一味迎合社会需要的局面，有意识地选择、批判渗透到高校中来的社会文化，发挥高等教育的主体价值判断的作用，积极开展体育文化批判，对其优劣进行文化剥离。在此基础上，肩负着文化纠偏责任的高校还应该广泛开展与推进审美文化教育，引导青少年健康成长。

二、体育教育文化内涵的发展路径

目前，在高等体育教育实践中，只有少数学者对体育文化教育的理论与实践进行了研究，体育文化教育的实施并没有引起足够的重视，有的教师也知道实施大学体育文化教育的意义，但不知道教学实践如何实施。鉴于此，笔者以为，高校体育教育的文化内涵发展主要有如下路径：

（一）深化教学改革，挖掘体育文化资源

体育课程是学校体育教育的核心问题，它集中体现了体育教育的目标、反映了体育教学的内容、决定了师资培训的规格，对体育教育具有重要的指导作用，它担负着培养与发展学生身体素质和体育能力的重任。目前我国体育教学所使用的教材内容陈旧单一，对体育文化资源的挖掘比较单薄甚至处于缺失状态，因此体育教材的内容改革势在必行。此外，要将体育课程看作一种文化实践，体育课程的现代化发展应着眼于课程文化、教材文化和课堂教学文化的重建，在体育课程目标、课程内容、教材内容、教学行为方式等方面做出调整。这将有利于激发体育教育理论界对体育课程现代化发

展和改革路向做出进一步的思考，而这种思考又将为体育课程理论与实践的发展带来新的可能。

总之，当前体育教学的改革，应该从文化的视角审视体育课程、教材和教法，增强体育课程文化的自觉意识，拓宽体育教材的文化内涵，提高体育课堂教学的文化品位，培养具有良好体育素质和文化素养的创新人才，构建具有时代性、开放性、民族性的体育课程。

（二）构建体育文化体系，促进体育与社会互动发展

体育文化是一个系统而复杂的工程，也是一个随着社会发展内涵不断丰富的文化范畴。因此，当前我们的体育教育应全面系统地调查和挖掘体育文化资源，建构出富有特色的体育文化体系。需要注意的是，这一体育文化体系的建构应该包含两个层面的内容，一个是内容层面，即体育文化体系的涵盖内容，另一方面是策略层面，即如何实现体育文化的合理发展。具体来说，这个体育文化体系应该包括以下内容：运动员的文化教育、体育（明星）人物的形象建构、体育赛事的文化品牌、大众体育活动的文化内涵、传统体育的文化价值、休闲体育的文化建构、体育场馆的文化内涵、城市体育文化等。此外，这个体育文化体系还应该包括以下策略性内容：体育文化的传播策略、体育文化的创新策略、体育文化的营销策略、体育文化的制度化生成等。总之，当前我们的体育教育只有建构出一套完整的富有特色的体育文化体系，并将体育文化融合进社会文化建设和发展中，促进体育与社会的互动发展，才能真正实现体育教育对社会的推动作用，提升体育的文化内涵。

（三）强化文化批判，引导体育文化健康发展

体育文化产业对于社会发展的意义，今天已越来越为人们所认识。然而，在大力发展体育文化产业的同时，我们不能无视和回避体育文化的产业形态本身所可能带来的一些负面影响。毕竟，体育文化的产业化发展与传统的体育文化创造之间的区别在于，体育文化产业要服从经济规律，考虑投入产出、利润等问题，这在一定程度上背离了体育文化的使命，因此以经济利益分向完全取代人文价值分向的体育文化产业发展，对体育文化的发展会造成不利的影响。如何既使体育文化的产业化发展能推动体育文化的繁荣，同时又能尽量减少体育文化的产业化发展所可能带来的负面影响，这是我们在发展文化产业时所必须思考的。我国高校的体育教育对此具有不可回避的责任。高校体育教育应该对体育文化产业进行理性分析和批判，在思维阈限与价值取向

范畴内为体育文化产业的发展廓清道路。

体育蕴含着丰富的文化内涵，作为传承体育文化、担当体育教育重任的高校应该切实加强自身在教育过程中的文化功能，提升体育教育的文化内涵，注重强化体育文化的传承、实现体育文化的再生产、引导体育文化的健康发展、积极开展体育文化批判等内涵建设，通过深化教学改革，挖掘体育文化资源；构建体育文化体系，促进体育与社会互动发展；强化文化批判，引导体育文化健康发展等发展路径，加强体育教育的体育文化辐射功能，提升体育教育的文化引导力。

第二节 体育教师教育文化传承与发展

传统体育是集表演和竞技于一身的活动，具备了动作优美、和谐的特征，像书法、龙舟、剪纸等都体现出了传统文化美感。这些动作阴阳对比、动静结合，充分体现出了传统文化中和谐的理念，这些传统体育文化对于校园文化而言是一种极大的丰富，使得学校的教师与学生都可以感受传统文化所蕴含的感染力，使其更加容易接受传统文化。除此之外，传统体育能够加强与西方国家沟通的桥梁，使其成为宣扬我国传统文化的主要载体。

一、文化传承在高校体育教学中的价值体现

高校体育教学改革的基本目标就是转变当前社会将竞技体育作为核心的教育模式，实现传统体育与竞技体育的有效融合。我国传统体育更加强调强身健体与修身养性，这种理念始终蕴藏于传统体育教学当中。高校传统体育教学改革有助于将社会教育、家庭教育以及学校教育结合起来，充分激发体育教学本身的持续性，以强身健体为终身教学目标。传统体育通常对场地硬件设施没有过多的要求，方式更加简便，能够实现在高校的普及以及推广，有助于培养学生终身体育的习惯。与此同时，传统体育作为我国民族文化的重要组成内容，体现了我国各个民族传统民俗、风俗，带有强烈的民俗色彩，可以在体育学习中充分激发学生的民族认同感以及自豪感，从而产生凝聚力，推动产生民族向心力。

二、影响文化传承的因素

（一）价值观的转变

当前，人们已经开始习惯于使用物质作为标准来衡量一切事物。传统体育作为一种更加注重修身养性的活动，无法满足人们短期收益的要求。随着人们生活节奏的加快，在空闲时间，大学生更加喜欢玩玩游戏和看场球赛，没有人愿意思考传统体育项目中所蕴含的文化元素。人们对于娱乐项目的过分追求，远超对传统体育的热爱。相较于现代体育项目来说，传统体育更加注重培养人们持之以恒的精神，由于其本身包含了晦涩难懂的文化内涵，缺少现代运动的那种酣畅淋漓以及放纵愉悦的感觉。所以，传统体育开始逐渐远离我们的生活，不被人们所接受，很多传统项目已经被遗弃。

（二）专业素养的欠缺

在我国高校中，传统体育的开展情况不容乐观。高校传统体育的教学过分注重理论知识的讲解和动作技巧的训练，忽视了文化的传承。很多专修传统体育教育的教师，文化底蕴都不够深厚，再加上他们在训练与学习的时候，过分关注动作的舒展性与完美，对于传统文化没有进行深入的研究，无法很好地掌握以及了解传统文化的精髓，所以，在他们走上讲台，理论知识特别是传统文化知识的欠缺使其教学存在着先天的缺陷性。毋庸置疑，这种传统体育教学会导致学生对于传统文化的认知停留在表层，不单单会影响学生对于传统项目的兴趣，同时也会影响到高校中传统体育文化的传承。

（三）教学方法单一

当前，高校传统体育教学过程中，学生只能学到一些浅层的、没有深刻内涵的虚动作，由于缺少必要的引导，学生不仅很难去领悟传统体育各个动作所蕴含的文化底蕴，同时也无法理解动作的内涵。在组织教学的活动中，现在各个高校基本上都使用西方教学模式。传统体育项目作为本土化的东西，西方教学只能够体现出其外在运动形式，传统体育当中所蕴含的文化内涵很难得以体现，使得传统体育教学沦为虚设的空壳，丧失了其本身具备的东方文化色彩。同时在选择教学内容上，也只是将体育动作作为主要内容，技术动作朝着竞技方向不断发展，技术内容更是呈现出了两极化的态势，传统体育项目多为一体的教学方法难以被高校体育教师所采用。在这种体育氛围下，传统体育很难展现出传统文化，学生更加无法理解传统体育项目内蕴含的文化内涵，同时也无法传承传统文化。正是因为对传统体育认识上的偏颇，造成了现在传统体育教学方式单一化、教学内容简单化的倾向，很难满足学生的差异化需求，从而对武术的发展以及传承产生重要的影响。

三、体育教师教育文化的传承和发展

（一）营造良好的体育教育氛围

中国传统文化有着悠久的历史，同时蕴含了丰富的内容，其本身具有浓厚的趣味性。因此，趣味性需要作为传统体育项目教学的入口。在日常教学过程中，教师需要使用现代化的教学工具，使得学生可以更直观、系统和形象地走入到历史当中，感受传统体育项目的博大精深。与此同时，教师要采取启发式以及引导式的教学方式，让学生可以在愉悦的课堂氛围中探讨以及研习中华传统文化，将传统体育项目从技术教学转变为文化传承以及中华文明的讨论上，使得学生能够在技能以及文化两个层面都获得愉悦的情绪以及成功的体验。学生在学习的时候，可以适当地举办关于传统体育项目理论知识的演讲或者是竞赛活动，组织学生进行传统运动项目的表演活动，让学生感受到其中的快乐。还可以邀请专业的传统项目专家以及名师举办专题讲座，使得学生可以更加深入地掌握传统体育项目的精髓。还可以组社团，招收那些喜欢传统体育项目的学生，共同努力，传承传统文化。要采用多元化的活动使得学生可以从不同的层面理解传统体育，从而自觉地传承传统文化。

（二）培养体育文化意识

传统体育项目是将身体作为载体，其不仅是一项活动形式，同时也是一种活体文化。所以，传统体育教育不能够单单停留在传统体育技能方面，更加需要培养学生传统文化意识。现在很多的传统体育项目都是将动作作为主要表现方式，尽管文字载体中已经记录了其练习方法和基本的动作要领，但是很难记载其本身所蕴含的文化内涵。因此，在开展体育教学的时候，教师不单单要指导学生掌握良好的技术，同时更加要注重灌输学生传统文化理念。比如，传统武术在行为方面要遵守儒家伦理道德思想。从技法上看，又会融入道家的阴阳思想。同时还会渗透佛家禅悟，最终形成一种独特的锻炼形式，其理论与技术彼此依存、缺一不可。只有学生充分地掌握了传统体育文化，才能够感受到传统体育项目的精髓所在。传统体育项目更加注重对锻炼者德行操守的培养，因此，在传统体育项目的教学中，在倡导以武术文化作为核心的技术传习的基础上，还要让学生懂得做人的道理，实现传统体育项目育人和树人的目标，这样才能够更好地传承以及发展中国传统文化。

第三节　高校体育教学与传统文化教育融合发展

传统文化是中华民族智慧和知识力量的象征，高等教育是现代教育的主要载体，有义务通过教学活动实现传统文化的传承和发展，同时，我国目前的高等教育模式和体制深受西方教育的影响，将传统文化与高等教育教学理念进行融合，能够实现中西文化在高等教育中的融合和均衡，以促进我国高等教育更健康地发展。伴随着社会对于国民身体素质关注程度的不断提高，高等体育教育的教育使命更加艰巨，如何通过体育教育提升当代大学生的身体综合素质，成为时代赋予高校体育教学的重要使命，将体育教育与传统文化教育进行融合，能够提升学生对于现代体育教育以及传统文化的认知，对其融合发展途径进行探索，对于促进高校综合教学目标的实现具有重要意义。

一、我国高校体育教学接纳传统文化教育的基础

中国高等院校的体育教学模式借鉴了西方大学的教育模式，但在其数十年的历史发展进程中，不自觉地形成了一些独特之处，具体体现于下述三点，正是这三点特征，使得教学活动有了接纳传统文化的基础。

（一）教学时间要求固定

多数大学均将体育教学看成是教学计划中的一部分，使之成为学生必修课的一部分。在授课时间的安排上，它始终占有正常授课的一席之地，一般为每周两个课时，学期末接受和其他学科相同的考核，学生体育成绩不合格同样无法顺利毕业，无法得到毕业与学位证书。也就是说，学生在高等院校就读期间，体育是不能不修的，同国外其他学校的自由参与机制比起来，具有时间上的严格规定性。这样规定是有道理的，体育确实应当是高校学生皆须参与的科目。在校期间，一定程度的硬性规定可以使学生掌握一定的运动技巧、运动知识与运动习惯，同时还可以调节其他课业的紧张度。

（二）课程内容要求统一

高等院校体育教学一直按照国家教育主管部门给出的教学大纲进行教学，教学目标与教学内容具有强制性，一般要求以运动场为主训基地，用于体育知识与体育技能、体育文化的普及，其中，基本技能的讲解、一般性项目的训练是公共体育的主要内容，重点训练奔跑、跳跃、投掷等项目，这种内容要求的统一性让全国范围内的高等院校体育教学普遍趋同，这和西方自由选课的情况比起来，差异非常明显。课程内容要求统一的优势在于方便教学的规范性，能够使国家教学大纲提出的要求得到满足，方便教学效果评估；而不足之处在于对因材施教的限制，无法照顾到所有学生的兴趣爱好，难以使体育学习积极性得到调动。

（三）考核形式要求标准

高等院校体育课程在相当长一段时期内均按照国家统一的标准进行考核（考核内容包括长跑、短跑、铅球、跳远等），且执行了很多年，有些地区仍在执行该标准。这样的考核标准，同西方发达国家的随机考核比起来，显得过于刻板，虽然具有方便衡量基本体能的优势，但这种数据过于精确的标准没有体现教无类的教育思想。

二、高校体育教学构成要素与传统文化融合

（一）教育客体的融合

依自然法则来说，青少年紧随人类文明发展步伐，能够更快地接受现代文化成果，但同时，他们又是传承包括传统文化在内体育文化的主要载体，对其进行传统文化传承教育是迫切要做的事，青少年一方面需要得到大量的运动知识与运动技巧；另一方面也负有传承传统文化的义务，而当传统文化真正为自己所用时，传统文化中的精神内核会让学生的知识更加系统、行为更加规范、理想目标更加现实。

（二）教育主体的融合

任何一个学科的教学都是复杂的，在复杂的教学过程中，教师始终是知识与技能传播的主体，负有传道、授业、解惑之责，对于传统文化的筛选与传承责任也最大。对于教师来讲，应当具备足够的专业技术水平与技术和文化相结合观念，专业技术水平的培养并不困难，毕竟体育教师都受过系统的训练，而让技术和文化相结合，对于教师来讲并不是易事，观念的形成无法形成系统考核标准，只有教师自己清楚，只能

体现在平时的教学活动中，而因为受到经济发展的局限性，教师职业的复杂因素不能小视，体育教师同样有只注重专业技术而无视专业精神的问题。

（三）教学内容的融合

传统文化所包蕴的范围极广，人类迄今为止所创造的所有物质与精神文明似乎都可以介入到文化概念之中。而教学内容在选择上，则是根据文化传承的必要性而得到的设计结果，本身即具有特定的文化属性在内。体育教学的形式与文化课教学有差别，内容上的文化传承特征表现不明显，但是却并非没有。在教学中，教师的所有示范、学生的所有练习，都可以成为传统文化传承的载体，若想认识到这一点，需要明确的是，文化不等同于文字，运动也是文化的形式。当学生领会了某些运动项目所具有的丰富文化内涵以后，肯定会对这些运动项目有一个正确的把握。比如在足球教学中，认识到蹴鞠的起源发展，了解蹴鞠代表中华民族昂扬向上的精神，那么足球教学水平必然上升一个层次。

（四）教学方法的融合

在高等院校体育教学过程中，教学方法包括语言符号与肢体符号两方面，对这两方面的理解与应用达到优良状态，学生才可能同时受到知识技能与传统文化的熏陶。以语言符号为例，体育课上，教师与学生之间的交流仍然要依赖语言，文化传播的重点形式也是离不开语言教学，各项体育竞技项目中的技巧介绍无疑都是使用了讲解法。在具体的教学过程中，教师的讲解起到了传承传统文化的核心功能，教师在进行教学研究时，如果可以对学生的生活经历进行探索，对学生的实践活动进行揣摩，灵活地运用讲解法等特点的语言交流功能，通过语言载体让包括传统文化在内的体育文化快速有效地渗透到学生认知心理中去，对于文化与教学的融合效果将会十分明显。教学实践中，在文化传承与文化创新之间应当建立一个良好的交流平台，也就是说，通过语言交流所传承的文化不应该是死的，而是要在具体的体育实践中灵活应用，并同时加以创新，只有能够被创新的文化才具有生命力，文化也才能更好地向技术应用方向输出力量。语言载体的应用是这样，以肢体符号为载体的文化传承同样如此。

三、高校体育教育与传统文化教育融合的重要意义

（一）传统文化精神理念有助于学生对体育精神的理解

体育活动不仅是一种运动形式和肢体动作的表现，更是体育精神理念的传达，很

多高校学生进行体育课程学习，缺乏对于体育精神的理解，将体育运动理解为机械运动，因而导致其对于体育教育产生排斥心理，制约教师相关教学活动的开展，将高校体育教育与传统文化教育进行融合能够增进学生对于体育精神的理解，使其能够认识到肢体动作中隐含的文化内涵。比如，传统文化中的"以和为贵""以柔克刚"等精神意旨都能够在体育运动中得到体现，"坚持不懈""拼搏进取"等传统文化精神也能够在体育教学实践中得到践行，学生增强对于体育项目和运动精神的理解，能够促进其对于体育运动更为深入的学习，提升其运动素质的同时，更有助于提升人文意识。

（二）高校体育教育与传统文化教育融合有助于学生体育运动技能的提升

高校体育教育重视体育运动技巧的传授，学生需要掌握相应的技巧，并通过不断的训练，实现其运动技能的提升，而机械式的教学和训练方式使学生的体育学习过于形式化，自然使运动技能提升受到制约，传统文化精神理念中有更多关于人性和生活的理性以及感性思考，学生在成长的过程中也深受传统文化影响，产生具有中国传统思想特征的思维模式，高校体育教育与传统文化教育融合能够实现中西文化的交融，学生对于传统文化精神理念的深入解读，并将西式教育文化中的开放意识和创新意识进行灵活应用，使其在学习过程中，能够应用其思维模式进行自我反思、总结、突破和创新，使学生能够在不断的体育运动实践中总结自我并完善自我，并在教师的有效指导之下，形成体育运动技能的提升。

四、高校体育教学与传统文化教育融合发展的可行措施

（一）教师教学理念的融合

教师作为教学活动的引导者，进行教学活动与传统文化教育的融合首先需要进行自身教学理念的融合，将中国传统文化的精神内涵与西式化的教学活动进行有机结合，科学的教学方法是关键，将传统文化的精神在体育运动中进行体现更是关键，体育运动中蕴含了众多的文化内容和精神内涵等待挖掘，教师重视传统文化教育与体育教育的融合，便会在其思维意识的引导之下，对教学内容的精神内涵进行深入挖掘，引导学生不仅进行体育运动形式的学习，更是对于体育精神以及文化力量的见习，促进高校体育教学目标的实现。

（二）高校体育教学与传统文化教育内容的融合

中国传统文化涉及范围众多，蕴含的具有教育价值的文化理念也不胜枚举，教师

可以将体育教育与传统文化教育内容进行融合，使体育教育与人文教育实现形式和内容上的和谐统一。不容置疑，体育运动也是文化的重要表现形式，教师进行体育运动动作的讲解示范过程也是对于文化的传播过程，因而教师既可以通过现代体育运动内容的讲解，使学生能够体会到其对于传统文化精神，也可以进行传统体育运动项目的教学指导，使学生能够提升对于传统体育文化的认知，实现体育教育与传统文化教育内容的融合发展。

（三）高校体育教学与传统文化教育方法的融合

传统高校体育教育采用西式教育模式，重视口述和演示，而传统文化教育理念中则更重视心传，进行高校体育教学与传统文化教育方法的融合，能够将口述、演示以及心传进行协调应用，师生之间的教学交流不仅限于口语表达，更重视动作引导以及无形熏陶，学生对教师的引导动作和传授方式进行自我揣摩，有助于促进其对于教学内容的深入理解，并能够实现自主思维方式的应用，实现其表现方式的创新，实现对高校体育教育和传统文化教育的继承以及创新，师生之间的教学过程转化成共同交流的过程，调动了学生参与体育学习的主观能动性，促进教学目标的实现。

目前我国高校体育教学明显受到西式高等教育模式的影响，其教学理念与学生的学习理念存在一定程度的脱节现象，将高校体育教学与传统文化教育进行融合，能够有效实现中西文化的相互渗透和融合，契合中国大学生的主观思维认知，促进其对于体育精神的理解以及体育运动能力的提升，教师可以通过教学理念、教学内容以及教学方法的融合，实现二者之间的融合发展，形成体育教育形式和精神的协调一致，进而促进学生体育学科学习兴趣的提升。

第四节　"双一流"引领下体育教师教育文化发展

"双一流"时代背景下体育教师教育文化的发展，应以明确体育教师教育文化内涵为前提，以先进文化为核心，以培养拔尖创新人才为目标，在紧跟时代特征，注重实践与创新的理念指导下，通过教研结合，提升体育教学科研水平的手段，在加强体育教学团队内涵，形成团队发展的制度文化等思路下进行建设，以期为高校体育教师教育文化建设提供思路，为高校体育教师的教学实践提供参考。

一、"双一流"的形成背景、要求、目标

为实现"两个一百年"奋斗目标和中华民族伟大复兴的中国梦，提升中国高等教育综合实力和国际竞争力，2015 年 10 月，国务院印发《统筹推进世界一流大学和一流学科建设总体方案》，决定统筹推进"建设世界一流大学和一流学科"。方案对世界一流大学和一流学科建设实行建设与改革并重，确定了建设一流师资队伍、培养拔尖创新人才、提升科学研究水平、传承创新优秀文化、着力推进成果转化等五项建设任务。明确了加强和改进党对高校的领导、完善内部治理结构、实现关键环节突破、构建社会参与机制、推进国际交流合作等五项改革任务。

二、"双一流"引领下体育教师教育文化发展相关概念的辨析

研究体育教师教育文化需厘清几个概念，首先，体育教师教育文化属于教师教育文化的范畴，而教育文化又属于文化的范畴；同时，也需厘清教师文化和教育文化的关系。

（一）"文化"与"教育文化"

"文化"一词，其内涵在国内外是有巨大差异的。在国外，尤其是西方国家中，"文化"一词更多与社会自然界的物质相联系，主要指与自然界原始状态不同的经过改造后脱离原始状态的内容，具有更多的物质功利色彩。"文化"即指人类在改造自然界的过程中，对自然界和人类社会形成了各种各样的认识，并以语言、文字、动作、工具等形式保存下来，通过特定的形式（如教育等），将那些被认为正确的认识，即可以形成共同规范的认识，保留与传承下来的过程与结果，即"人文教化"的意思。

在"文化"概念的基础上，形成了教育文化的概念。教育文化是一个民族或群体在教育活动中所积淀的教育精神、教育风尚及其外化物。教育精神和教育风尚属于教育的精神层面，是指教育活动中价值观和思维方式的总和。教育外化物主要包括教育制度、教育器物和教育行为。

辨析"文化"和"教育文化"的概念，首先应认同"教育属于文化领域"的观点。教育作为一种文化活动，其价值是文化的传递，而教育文化作为一种文化，决定着文化的发展。教育文化是人们长期教育实践的经验积累，教育文化与政治文化、经济文化、宗教文化等具有同等地位，教育文化最重要的功能是建构人的教育价值观，并影响着人的思想、规范着人的行为。它在经历民族文化的洗礼后，会生成一套核心的意

识形态，作为人们在教育实践中的共同价值取向。因此，教育文化的形成是以文化为底蕴，文化的发展往往影响着教育的发展方向，而教育文化往往是影响一个国家教育变革的内因。

（二）"教育文化"与"教师文化"

教育文化即指一个民族在长期的教育实践中不断积淀的教育哲学、教育理念、教育制度、教育内容、教育方式方法及教育设施的总和。教育哲学是教育文化的核心，它总览教育文化的精神方面，影响制约教育的规制及设施等教育制度和教育物质层面。反之，教育制度和教育物质层面也会影响教育哲学的特质与发展。

关于教师文化，目前比较认可的界定是国外学者哈格里夫斯从内容和形式两方面对教师文化做的阐释。他认为，教师文化的内容，是指在一个特定的教师团体内，或者在更加广泛的教师社区之间，各成员共享的态度、价值、信念、观点和处事方式，它反映在教师的观念与言行之中。我国学者一般认为，教师文化是教师群体基于其特定的职业生活方式而形成的独特的知识体系、个人信仰、思维方式及价值观念系统的复合体，是解读教师生活的意义和专业发展的深层内涵的表意象征系统，它以缄默的形态为教师群体的内在心理与外显行为设定了空间。也有学者认为，教师文化是教师在教育教学活动中形成并培养的价值观念与行为方式，包括了以下几方面：职业道德、角色认同、教育理念、价值取向和情绪反应等，一般可分为思想理念、价值体系和行为模式等三个层次，具有价值、制度、器物及行为四个层面，并相互构成统一的整体。总之，教师文化是教师在教育教学及社会交往活动中所秉持的价值观、信念、态度、规范准则，以及由此所决定的思维方式和行为方式的总和，其核心是价值观念。教师文化是专门针对教师的教育亚文化，教师教育文化的起点和发展方向是教师终身专业化成长，通过教师教育机构和教师个人共同努力，在有利于教师终身专业成长的制度保障下，充分利用现阶段的物质资源，逐步形成符合专业教师职业行为的过程和结果。

总之，教师教育文化隶属于教师文化，教师文化是教育文化的一部分，教育文化又是文化的一部分。只有认清四者的关系，才可以对教师教育文化进行正确定位，才可以形成对教师教育文化概念的正确认识。也只有对教师教育文化进行正确定位和清晰认识，才可以为教师教育文化的进一步发展提供更为科学的理论依据。

（三）"体育教师教育文化"与"教育文化""教师文化"

综合上述研究，本节认为，可以把体育教师文化理解为体育教师在教育教学活动中形成与发展的价值观念与行为方式。"体育教师教育文化"首先是属于教师文化的一部分，"教育文化"为基础，属于包容与被包容的关系。另外，体育教师教育文化是教师教育文化的特殊形式，具有特定性和代表性，要研究体育教师的教育文化必须先理清教育文化和教师文化的区别，区别二者的概念要建立在文化的概念基础之上。

三、"双一流"引领下体育教师教育文化建设的思路

《统筹推进世界一流大学和一流学科建设总体方案》要求一流大学建设重在一流学科基础上的学校整体建设、重点建设，并全面提升人才培养水平和创新能力，一流学科建设重在优势学科建设并促进特色发展。因此，双一流建设首先应重视优势学校和优势学科，各地区在优势学校和各学校优势学科建设中体育是重要的一环，在各学校各学科双一流建设的要求下，体育教师的教育文化建设对于高校的体育教学显得尤为重要。高校体育教师教育文化建设应明确体育教师教育文化的内涵，确定高校体育教师教育文化建设的核心、目标、理念、手段和方法也至关重要。

（一）"双一流"引领下体育教师教育文化建设的核心

教育是一种人类的价值活动，从产生之日起，就打上了人的价值烙印，教育本身容易被统治者的利益束缚，加之即成的教育文化观容易使教育本身丧失创新或价值再造的能力，因此教育文化的建设就显得尤为重要。

首先，先进文化是健康向上的文化，能够为人类进步的事业提供精神动力、智力支持，具有强大的吸引力、感召力和亲和力。其次，在社会主义教育文化和体育教育文化建设中，必须以中国特色社会主义理论体系的先进文化为核心，建设先进的教育文化。以中国特色社会主义理论体系中坚持解放思想、实事求是、与时俱进、求真务实，坚持辩证唯物主义和历史唯物主义的理念为内核，紧密结合新的时代条件和实践要求。

从文化形态来看，先进文化是教育文化的重要组成部分，教育文化是社会经济在教育中的现实表现，隶属先进文化，并发展、体现着先进文化，是先进文化的核心组成部分。从教育形态来看，教育文化是一个教育标识，是一种教育氛围，是教育发展的一种现实状态，它孕育并体现着先进文化。因此，先进文化是教育文化建设的内容，教育文化是发展先进文化的基础。社会主义先进文化建设，内在地包含着教育文化建

设，教育文化建设也是发展社会主义先进文化的重要方面。中国特色社会主义理论体系的先进文化不仅为教育文化突出时代特色坚持先进性的特点准备了条件，也为当代中国文化的发展注入了新的活力，体育教师教育文化建设也应遵循这一原则。

（二）"双一流"引领下体育教师教育文化建设的目标

"双一流"引领下体育教师教育文化建设的目标是培养拔尖创新人才，教育是培养人的活动，而双一流建设的目标是培养拔尖创新人才，教育文化建设有利于教师的创新能力的培养，也有利于创新人才的培养。拔尖创新人才的培养，需要教师的创新能力，也与教师的知识技能、思维和人格息息相关。创新力包括创新能力、创新意识和创新思维等方面，既可来自理论研究的论文著作，也可是教师教学的经验总结。创新能力是独特而又恰当地解决问题的能力，创新能力与知识技能、思维和人格息息相关。教师既有的知识和技能是形成创新能力的基础，思维和人格决定了教师自身创新能力的高度。

体育教学的教学对象相对稳定，以传授体育实践技能、发展体能、培养兴趣、发展人格为主要目标。体育专业人才的培养，实践性强，思维和人格的发展也至关重要，其创新性人才的培养不仅需要教师对既有知识技能的传授，也需要教师在长期教学中对学生思维和人格的影响和熏陶。既要传授新的知识技术，也需要将新的思维、理念传授给学生，只有在新的环境下，才能孕育出创新型的人才。而体育教师对于非体育专业学生创新能力的培养也能起到重要作用。体育课中对运动项目的训练和学习，能培养学生坚持不懈的毅力，而教学比赛能培养学生坚忍的意志，有利于形成全面发展的人格，而人格的发展是创新人才培养重要的一环。

（三）"双一流"引领下体育教师教育文化建设的理念

紧跟时代特征，注重实践与创新是"双一流"引领下体育教师教育文化建设的理念，既与教师教学能力、教学积极性有关，也与教师的教学态度和价值观念相关，而教学态度和价值观是教师文化的重要组成部分。在教育理论方面，教师应紧跟时代主题，推崇并践行创新，教师通过示范和教育期望间接地影响学生创新能力的发展，教师通过在教学活动和课外活动中的言行激励、引导学生进行创新实践。

体育教师教育文化建设，也要紧跟时代步伐，注重教学实践和创新的结合。体育具有传授运动技能和组织竞赛的基本特征，在"互联网+"时代，体育产业将成为未来的朝阳产业，体育教师在体育教学中，应顺应市场经济产业化发展的要求，抓紧体育运动传播和体育竞赛组织等发展体育产业，不仅有利于人才的培养，也为人才输出提供了更多途径。

（四）"双一流"引领下体育教师教育文化建设的手段

教育具有时代性和复杂性，教师教学要不断面对和解决新的教育问题。教学研究通常以教师教学中遇到的实际问题为研究对象，在特定教育方法下，对教育问题的不断深入研究，研究成果可直接服务于研究者。教育文化是长期实践的积累，既有科学规律，也有经验积累，容易形成固化思维和经验。教师文化影响着教师的教学行为，教学行为直接影响学生创新能力的发展。教师通过教学行为的选择和创新，在教学实践活动中从多个层次、多个角度将教学经验和知识传授给学生。在双一流要求下，教师必须加强教学研究，并将研究所获得的结论用于教学活动中，从而不断改进自己的教学观念和教学行为。体育是培养人全面发展的手段，而在体育教师教育文化建设中，在培养拔尖创新人才的要求下，体育教师教育文化建设也应注重教研结合，提升体育教学科研水平。

体育教学也同样面临新的教育问题，如学生体质下降、大学生对体育教学的兴趣减弱等问题。面对新时期出现的诸多教育问题，体育教师只有不断学习研究，及时更新观念、调整自己的教学策略，以面对体育教学中出现的诸多问题。体育教学研究是发展体育教师教育文化的重要手段，将体育教学研究成果运用于学生的体育教学中，不仅有利于体育教育文化的发展，也有利于体育教师教育文化的实践与发展。因此体育教师在教育文化建设方面，同样应注重教育与研究的结合，提升科学研究水平。

（五）"双一流"引领下体育教师教育文化建设的方法

加强体育教学团队内涵建设，形成团队发展的制度文化，教育部在2007年下发了《关于实施高等学校本科教学质量工程与教学改革工程的意见》，明确提出"要加强本科教学团队建设，建立有效的团队合作机制"。教师团队是将教师按照教学合作方式分组，不再以个体成绩为评价标准，而以共同的表现来评价。随着高等教育机制体制的改革，团队建设的概念也被广泛运用到高校的体制建设中，团队型的管理模式在高校组织管理和教学管理中发挥了重要的作用。在此背景下，高校教学改革也不断推陈出新，以团队建设为主的思想成为教学、教研改革的主要方向。教师作为承担教学工作的主体，建立有效的团队合作机制，形成一批优秀的教学团队，对于推动教学内容和方法改革，促进教学研讨和教学经验交流，开发教学资源，推进教学工作的老中青结合，有效提升教学质量，具有十分重要的意义。

团队建设是提升核心竞争力的主要方式，体育教师团队建设有利于提升体育教师的核心竞争力，提升体育的社会服务功能，促进体育产业的发展，也有利于构建和谐的人文环境、提高教育质量、提升服务社会能力。在体育教学团队建设方面，应加强内涵建设，形成团队发展的制度文化。在内涵建设方面，形成团队文化是体育教师教育文化发展的重点，而高校良好的教学、学术环境和人际氛围是内涵建设的环境基础，形成团队发展的制度是团队建设的具体路径。体育教学注重实践性，体育教师团队建设可根据各学科和项目的特点，以教研室、实验实训中心为依托，整合资源，围绕同项目、同专业的一门课程或者多门课程构成的课程群、实验教学中心及专业建设为平台进行协作，在长期的教学改革与实践中形成团队，并集思广益，凝练专业特长和技术优势，借助校企共建、共同发展的模式，适应当前市场经济的需求，推动体育与大众的健康结合，推动体育产业的发展，全面提升高校服务经济社会的能力，促进高校的转型发展。在教育行为方面，体育教师应利用自己已有知识和经验培养全面发展的创新人才，并形成自己的创新理念，促进体育教师团队的内涵。

总而言之，在"双一流"的背景下，高校体育教师教育文化建设首先应明确体育教师教育文化的内涵，其次，高校体育教师教育文化建设应以先进文化为核心，以培养拔尖创新人才为目标，在紧跟时代特征，注重实践与创新的理念指导下，通过教研结合，提升体育教学科研水平的手段，在加强体育教学团队内涵、形成团队发展制度文化的方法下进行建设，以提高高校体育教师的教育文化素养，并以此指导广大高校体育教师的教学实践。

第五节　当代高校体育文化渗透"三生教育"的发展

"三生教育"的目标是让学生尊重生命，提高生存能力，完善生活质量。高校体育文化建设通过体育课堂和体育活动的开展，传授体育知识和技能，引导学生对美好生活的向往，打造身心和谐发展的全面型人才，也通过实践有效的体育活动，塑造大学生良好的意志品质、顽强拼搏的个性，从而完善高校学生生命、生存和生活的美好状态。针对目前高校大学生对生命意识的淡漠、生存技能的缺乏和生活能力低下等问题，提出高校体育文化应将"三生教育"的理念贯穿学生学习和成长过程。怎样重新架构高校体育文化在"三生教育"关怀下的目标、内容与途径，改善受教育者的生命、生存和生活状态，是所有体育教师亟待解决的问题。

一、三生教育的基本内涵

生命教育、生存教育和生活教育组成"三生教育"的基本内容，其中以生命教育为最根本的教育基础，通过生存教育学会生存技能，最终通过生活教育实现人生价值。

（一）生命教育

"生命教育"是"三生教育"的核心所在，目的是让学生通过对生命本质的了解，树立尊重生命、珍爱生命的价值观，最终感悟生命的价值和意义。生命教育就是帮助大学生掌握生命知识，获得生命体验，感受生命意义，进而树立正确的人生观，谋求美好生活的教育。

（二）生存教育

"生存教育"是"三生教育"的基本途径。"生存"在生命长河中不断发展升华，其目的在于使大学生把握生存规律的基本知识，增强生存意识的顽强意志，能够将生存技能运用到实践中去，面对生存危机也能灵活应对，最终摆脱生存困境。"生存"技能的获得使得"生命"在面对死亡威胁的时候得以延续，尤其在危险时刻仍能坚持维系生命的求生观念和行为，各种紧急避险时刻的技能和毅力都来源于此时的意志支持，亦是"生存教育"的精髓所在。

（三）生活教育

"生活教育"是"生命"与"生存"的最终目的，通过教育大学生如何建立积极向上的生活目标，通过实践层面不断锻造美好的生命。生活教育的本质在于引导和启发人们发现和创造生命的意义，强调生命明确的目标、健康的生活方式，关注"生机勃发"的"生命"状态，以追求人生价值的实现为目的。

二、高校体育文化在"三生教育"关怀下发展的重要意义

（一）促进生命健康是"三生教育"关怀下高校体育文化发展的核心目标

生命教育是"三生教育"的核心。通过帮助学生理解生命存在和发展的规律，达

到促进生命健康发展的核心目标。高校体育文化把追求健康的生命作为最终目标，在提高生命力方面与其他校园文化有本质区别。高校体育文化的实施对象是受教育者自身，以掌握运动技能为主要内容，在身体锻炼的同时进行生命健康教育。校园体育文化与其他校园文化的根本区别就在于通过动作技能改善学生的身体形态，提高学生的运动素质，在促进身体健康的同时反映生命教育与校园体育文化尊重生命的共同目标。

（二）学习生存技能是"三生教育"关怀下高校体育文化的基本内容

生存教育是培养学生生命安全知识和能力、处理紧急事件的教育活动。它包括教育者在生存意识、知识、能力和价值等方面的教育。高校体育文化在生存教育活动中，应着重培养学生对紧急、危难等事件的处理能力，如提高学生在抗灾减灾、紧急救援、自助救护等方面的生存能力，让学生在突发环境下，能够依靠身体机能所展现出的运动技能随机应变，并最终得以确保生命安全。获得运动技能是生存技能和校园体育文化发展的基本内容。

（三）打造健康生活是"三生教育"关怀下高校体育文化发展的价值体现

高校体育文化的价值在生活教育中得以体现。人类的一切活动都是通过生活的各方面来实现的，所以提高生活质量是生存和生活最直接的实现。体育运动与提高生活质量有着直接的关系，也是生活教育不可或缺的重要成分。相比较于其他校园文化，校园体育文化所进行的活动大多是运动技能的习得过程，体育运动中往往需要学生间的互帮互助完成，在锻炼中可以增强生生间团结友爱的纽带联系，锻炼顽强拼搏的意志品质。此外，优良的运动习惯对于学生积极生活方式的养成提供了极大的助力，诸如网瘾、熬夜等生活状态在良好的运动习惯的驱使下得以改变，形成积极向上的品质生活。

三、高校体育文化在"三生教育"关怀下的发展路径

（一）确立高校体育文化在"三生教育"关怀下的发展目标

在高校体育文化发展的各个环节，我们应该回到学生生活最重要的源头：高校体育文化教育应引导学生尊重生命、珍惜生命、发展生命，养成终身体育的习惯。高校体育文化的发展，首先要在"三生教育"的三个层面确立发展目标：高校体育文化中的"生命教育"，应确立培养受教育者积极参与校园体育文化活动的观念态度，在思

想层面不断渗透运动参与的意识，最终达到使学生在内心深处体会到，在校园体育文化活动中参与体育锻炼对于"生命"健康的积极影响；在高校体育文化中进行"生存教育"，目的在于促进受教育者体育兴趣的培养及良好锻炼习惯的养成，使大学生主动参与校园体育文化活动，通过体育运动的亲身实践感受获得生存技能的愉悦；在高校体育文化中的"生活教育"，良好运动习惯的养成和熟练运动技能的掌握，是实现美好品质生活的重要路径，培养大学生具有健全的人格、熟练的运动技能以及积极的生活方式，是高校体育文化活动在生活教育中的价值体现。

（二）确立高校体育文化在"三生教育"关怀下的基本内容

当今世界生命教育和生存教育的内容，主要是针对日常生活中的突发情况，如急救、火灾、溺水等进行训练和准备。在今后的高校体育文化活动中，我们不仅要重视日常体育活动，更要增加与生活环境相关的各种突发事件中的风险规避教育内容，以提高学生的生活质量和生存技能，提高学生的运动兴趣并使其主动参与体育锻炼，培养独立锻炼和终身锻炼的习惯。

1."生命教育"在高校体育文化中内容的渗透

以生命健康为指导目标，设置关于生命教育基础理论的内容，除体育运动技术的相关知识外，应开设生命教育基础理论课程，如紧急事件的应对、防火防盗等相关安全知识、紧急救护知识、野外遇险求生等知识，使大学生在校园体育文化教育中感悟生命教育，从而在高校体育文化活动内容中渗透生命教育。

2."生存教育"在高校体育文化中内容的渗透

学生积极参与到融合生存教育的体育运动中，掌握生存教育的理论知识，树立顽强的生存意识，在运动技能的习得过程中最终获得生存技能。在高校体育文化活动中，开设体育生存技能内容，培养学生掌握生存教育的基本常识，如野外生存自护自救技能、事故受伤处理技能等，通过高校体育文化活动的不断实践，促使学生通过掌握运动技能而强身健体，提高生命质量，进而提升生存教育质量，促进高校体育文化中的生存教育内容的渗透。

3."生活教育"在高校体育文化中内容的渗透

引导学生对美好生活的向往，并借助良好的运动习惯打造健康积极的生活方式，是"生活教育"在高校体育文化中内容的渗透。培养学生在校期间积极参与到校园体育文化活动中去，逐渐养成优良的运动习惯，即使离开校园也能保持对体育运动的参与热情，树立健康生活的价值观，努力改善生活质量。高校体育文化活动中增加健康生活方式内容，使大学生在体育活动中达到强健身体、健全人格、适应社会等健康生活方式。

（三）"知、行、情、意"的渗透式教育方法

高校校园体育文化活动可通过"知、行、情、意"的实践过程，渗透"三生教育"理念。指导教师在体育活动中"知"的渗透教育，是教会学生运用体育理论，对他人和自己的体育行为做出正确评价，学生在反复思考和巩固练习的过程中，更深层次地掌握某项运动技能，最终重视并掌握运动技能；"行"的渗透教育，是教师或学生在校园体育文化活动中，通过自己的"行动"树立自身的"榜样"形象，对周边人参与体育锻炼的意识及行动产生积极的影响，对体育锻炼习惯的培养及终身体育思想的贯穿起到积极的促进作用；"情"的渗透教育是师生之间、生生之间的"生命、生存、生活"在校园体育文化活动中彼此的"真情流露"，学生通过体育锻炼，情感得以宣泄，在运动合作中的团结协作获得队友间的相互尊重，在运动参与中不断地得到认同；"意"的渗透实践过程，是利用丰富多元的体育锻炼环境和适当的恶劣气候，通过运动体验培养大学生的抗挫折能力以及坚定的意志品质。

在"三生教育"关怀下探索高校校园体育文化的发展，一方面培养大学生珍爱生命、学会生存、积极生活的状态，打造全方面健康发展的复合型人才；另一方面借此充实完善高校体育文化在"三生教育"关怀下的发展内容。为此，在高校体育文化活动中，从基本目标、内容设置和教育方法多方面渗透"三生教育"理念，使"三生教育"与高校体育文化协调发展，更好地为校园文化、为高校教育服务。

参考文献

[1] 曹垚. 现代体育教学理论与实践训练探索 [M]. 长春：吉林人民出版社，2020.

[2] 陈轩昂. 新时期高校体育教学的改革与发展 [M]. 北京：航空工业出版社，2019.

[3] 杜烨，刘斌，刘慧. 新背景下的高校体育教学改革与发展 [M]. 北京：原子能出版社，2020.

[4] 冯渭宏，王霞. 体育课程教学模式与改革探索 [M]. 吉林出版集团股份有限公司，2019.

[5] 高立群，王卫华，郑松玲. 素质教育视域下大学生体育教学改革研究 [M]. 长春：吉林人民出版社，2019.

[6] 郝乌春，牛亮星，关浩. 新时代背景下高校体育教学改革与发展研究 [M]. 北京：中国商业出版社，2021.

[7] 蒋宁. 传统与现代交汇下的体育教学改革探索 [M]. 成都：西南交通大学出版社，2016.

[8] 李洪芳，张迎宾. 体育教学改革与发展动态研究 [M]. 北京：北京工业大学出版社，2020.

[9] 李建春. 基于素质教育视角的高校体育教学改革与发展探索 [M]. 北京：中国书籍出版社，2022.

[10] 刘汉平，朱从庆. 我国高校公共体育课程教学的发展与改革探究 [M]. 长春：吉林人民出版社，2021.

[11] 刘景堂. 高校体育教学改革研究 [M]. 北京：中国纺织出版社，2019.

[12] 罗玲，温宇，蓝芬. 体育教育教学改革研究 [M]. 北京：民族出版社，2017.

[13] 马腾，孔凌鹤. 现代体育教学改革与信息化发展研究 [M]. 北京：中国商业出版社，2018.

[14] 邱建华，杜国如. 体育与健康教学研究 [M]. 南昌：江西科学技术出版社，2019.

[15] 任俭，王植镯，肖鹤.体育教学原理及体育学法的创新研究 [M].北京：中国纺织出版社，2019.

[16] 沈建敏.体育教学创新与运动训练研究 [M].北京：新华出版社，2018.

[17] 施小花.当代高校体育教育理论与发展探究 [M].吉林人民出版社有限责任公司，2021.

[18] 受中秋，王双，黄荣宝.高校体育教育发展与改革探究 [M].长春：吉林大学出版社，2018.

[19] 宋文钦.新课程下的体育教学改革实践 [M].长春：东北师范大学出版社，2017.

[20] 孙存占.体育教学与健康教育 [M].南昌：江西高校出版社，2019.

[21] 王冬梅.高校体育教育创新发展研究 [M].吉林人民出版社有限责任公司，2021.

[22] 王海燕.现代体育教学功能实现与创新应用 [M].北京：中国书籍出版社，2021.

[23] 吴广，冯强，冯聪.高校体育管理体制与教学改革研究 [M].北京:研究出版社，2020.

[24] 夏越.现代高校体育教学研究 [M].北京：北京理工大学出版社，2019.

[25] 谢宾，王新光，时春梅.高校体育教学与运动训练研究 [M].吉林人民出版社，2021.

[26] 谢明.高校体育教育理论探索与实务研究 [M].长春：吉林人民出版社，2020.

[27] 杨景元，董奎，李文兰.体育教学管理与教学现状 [M].长春:吉林人民出版社，2019.

[28] 于炳德.高校民族传统体育教学改革 [M].哈尔滨：哈尔滨出版社，2021.

[29] 张琦，柴猛.大学体育教学改革与创新 [M].长春：吉林科学技术出版社，2020.

[30] 张彦龙，马志君.体育教育专业体操课程改革与创新 [M].北京：新华出版社，2015.

[31] 周遵琴.高校体育教学改革与发展 [M].成都：电子科技大学出版社，2015.